现代教育教学管理与实践

岳晓融　马斌奇 ◎ 主编

哈尔滨出版社
H.P.H
HARBIN PUBLISHING HOUSE

图书在版编目（CIP）数据

现代教育教学管理与实践 / 岳晓融，马斌奇主编 .
— 哈尔滨 ：哈尔滨出版社，2023.1
ISBN 978-7-5484-6955-1

Ⅰ．①现… Ⅱ．①岳… ②马… Ⅲ．①教学管理－研
究 Ⅳ．① G42

中国版本图书馆 CIP 数据核字（2022）第 222887 号

书　　名：现代教育教学管理与实践
XIANDAI JIAOYU JIAOXUE GUANLI YU SHIJIAN

作　　者：岳晓融　马斌奇　主编

责任编辑：韩伟锋

封面设计：张　华

出版发行：哈尔滨出版社（Harbin Publishing House）

社　　址：哈尔滨市香坊区泰山路 82-9 号　邮编：150090

经　　销：全国新华书店

印　　刷：廊坊市广阳区九洲印刷厂

网　　址：www.hrbcbs.com

E - mail：hrbcbs@yeah.net

编辑版权热线：（0451）87900271　87900272

开　　本：787mm×1092mm　1/16　印张：9.25　字数：210 千字

版　　次：2023 年 1 月第 1 版

印　　次：2023 年 1 月第 1 次印刷

书　　号：ISBN 978-7-5484-6955-1

定　　价：68.00 元

凡购本社图书发现印装错误，请与本社印刷部联系调换。

服务热线：（0451）87900279

前　言

现代教育教学管理是我国高等教育的主要组成部分。随着我国计划经济体制向市场经济体制的纵深发展，高等教育由精英教育阶段迈向大众化教育阶段，教育观念、教育价值、社会对人才的需求等诸多方面的变化都对高校教育教学提出了新的要求，促使高校教育教学管理在观念、内容、方法等各个方面不断发展和改革，以适应知识和信息时代的社会变化及现代教育理念的新需要。然而，我国高校普遍存在办学同质化、管理行政化和学习"快餐化"的现象，这些严重地阻碍了我国高等教育的发展，影响了我国建设高等教育强国战略目标的实现。现代教育理念下的高校教育教学改革势在必行，这也是本书的主旨。

本书运用现代教育思想、理论和现代信息技术和系统方法，对教与学过程和教与学资源进行设计、开发、利用、评价和管理，以促进教育效果优化的理论和实践，实现现代教育理念与教学紧密结合的目标。并强调需要在现行的管理体系中融入现代教育思想，更新教育管理理念，注重教学管理方法的推陈出新。教学管理应以人为本，这是高校教学管理的核心思想，其目标就是使教学管理满足广大师生发展需求，切实做到"以教师为本""以学生为本"。其主要内容包括现代教育教学管理的理论、现代教育教学管理模式、现代教育教学管理创新、"互联网+"下人的教育管理以及现代教育教学管理的实践应用等。

另外，本书在编写的过程中参阅了相关的著作，引用了许多专家及学者的研究成果，在此表示最诚挚的谢意。由于时间仓促，作者水平有限，本书错误和不当之处在所难免，恳请广大读者在使用中多提宝贵意见，以便本书以后的修改与完善。

目　录

第一章　现代教育教学管理的理论研究 ……………………………………001

第一节　高校教育教学管理现状 ………………………………………001

第二节　高校教育教学管理的观念 ……………………………………003

第三节　高校教育教学管理信息化 ……………………………………005

第四节　高校教育教学管理流程 ………………………………………008

第五节　以人为本推进高校教育教学管理创新 ………………………010

第六节　大数据下高校教育教学管理 …………………………………012

第二章　现代教育教学管理模式研究 ……………………………………015

第一节　高校教学管理模式创新 ………………………………………015

第二节　高校开放教育教学管理模式 …………………………………018

第三节　高校教学档案管理模式 ………………………………………020

第四节　高校实践教学管理信息化模式 ………………………………022

第五节　高校实验室管理及教学模式 …………………………………025

第六节　高校导师制与学长制教育管理模式 …………………………028

第七节　高校两级教学管理模式 ………………………………………030

第八节　高校继续教育管理模式 ………………………………………033

第九节　高校学生参与教学管理模式 …………………………………036

第三章　现代教育教学管理创新研究 ……………………………………040

第一节　高校教学管理创新存在的问题 ………………………………040

第二节　高校教学管理创新的必要性 …………………………………043

第三节　网络时代高校教学管理的创新 ………………………………046

第四节　高校教学管理创新发展探索 …………………………………051

第五节　大数据背景下高校教学管理创新 ……………………………053

第六节　慕课背景下的高校教学管理创新 ……………………………055

第七节　基于教学学术的高校教学管理创新 ……………………………………… 061

第八节　基于知识管理的高校教学管理创新 ……………………………………… 065

第四章　现代图书馆管理 ……………………………………………………………… 070

第一节　现代图书馆的管理理论 …………………………………………………… 070

第二节　图书馆的质量管理 ………………………………………………………… 074

第三节　图书馆的业务管理 ………………………………………………………… 077

第四节　图书馆的服务管理 ………………………………………………………… 081

第五节　图书馆的行政管理 ………………………………………………………… 087

第六节　图书馆的安全管理 ………………………………………………………… 091

第五章　"互联网+"下人的教育管理 ……………………………………………… 096

第一节　"互联网+"时代学生管理 ……………………………………………… 096

第二节　"互联网+"时代国际学生管理 ………………………………………… 099

第三节　"互联网+"时代师资管理 ……………………………………………… 102

第四节　"互联网+"时代党团管理 ……………………………………………… 105

第五节　"互联网+"时代社团管理 ……………………………………………… 107

第六章　现代教育教学管理的实践应用研究 ……………………………………… 111

第一节　激励理论在高校师资管理中的应用 …………………………………… 111

第二节　计算机技术在高校教学管理中的应用 ………………………………… 114

第三节　柔性管理在高校教学管理中的应用 …………………………………… 117

第四节　社交软件在高校教育教学管理中的应用 ……………………………… 119

第五节　高校实践教学质量管理平台的建立及应用 …………………………… 123

第六节　目标管理法在高校教学档案管理中的应用 …………………………… 127

第七节　应用心理学在高校教育管理中的有效应用 …………………………… 129

第八节　计算机与 WEB 技术在高校教学管理中的应用 ……………………… 132

第九节　PDCA 循环在高校日常教学管理工作中的应用 ……………………… 135

参考文献 …………………………………………………………………………………… 139

第一章　现代教育教学管理的理论研究

第一节　高校教育教学管理现状

高校作为人才培养的基地，有承担社会人才输出的重任，尤其是随着近些年教育体制改革的不断深入以及学校生源数量的不断增加，高校教育教学管理工作就显得越发重要。对此，在本节中笔者将从当下高校教育教学管理现状分析出发，并提出解决策略，希望能够更好地推动我国高校发展。

在高校办学发展的过程中，高校教育教学管理是办学水平的根本保障，同时也是高素质人才输出的基础。但是从现阶段的高校教育教学管理现状分析，还存在着很多的问题，影响了高校的长远发展。对于高校而言，未来的工作重点就是加强教育教学管理，从而切实地提升高校教育教学管理水平。

一、高校教育教学管理现状

在教育机制改革不断深入的过程中，高校对于教育教学管理工作也越发重视。但是，从现在的高校教育教学管理现状分析还存在着很多差强人意的地方，这对高校办学发展造成了一定的影响。首先，教学计划管理存在限制性。在高校教育教学管理过程中，教学计划管理是人才培养目标的总体设计，同时也是院校活动的组织依据。但是，在调查过程中笔者发现，很多高校在进行教学计划管理时，采用的是一种自上而下的管理方式，教学计划制定并没有征求院校教师的意见，教师缺乏话语权，存在着很大的强制性，这严重地影响了教学计划管理实行的科学性。而且有的高校教学管理人员观念陈旧，不与时俱进，这不利于教师和学生的发展。其次，院校师资结构不合理。在高校教育教学管理过程中，教师是知识文化的输出者，同时也是教育管理的实行者。因此，高校必须要有完善的师资结构。但是，现在的多数院校之中存在师资短缺现象，并且多数教师素质能力水平有待提升，这对高校教育教学管理水平提升造成了一定的阻碍。最后，教学质量监控存在局限性。完善的教学质量监控体系是衡量高校教育教学管理水平好坏的标志。笔者调查发现，现下多数高校缺乏教学质量监控建设认识，同时没有相关的监控评价标准，这是导致高校教学质量下降的主要原因。

二、高校教育教学管理现状解决对策

（一）优化教学计划管理机制

教学计划管理是高校教育教学管理规范化的基础保障。对于高校而言，只有能够将教学计划管理不断优化，才能更好地进行高质人才输出，从而将院校人才培养蓝图规划更加具体化。从上文中笔者的分析研究可以发现，现下高校教学计划管理存在的最大问题就是限制性太强，教学计划制订掌握在管理者手中，这严重影响了教学计划管理的科学性。为了能够从本质上杜绝这种教学计划管理弊端，就必须要优化教学计划管理机制。为此，院校在制订教学计划时，应该征求教师、学生、院校行政管理人员以及课程专家学者等多个方面的意见，这样才能保障学校制定的教学管理计划真正符合学生发展需要，实现对教学资源更加充分的利用。当教学计划管理机制制订后，必须要严格执行，要保障教学计划的严肃性，同时在执行的过程中，还应该根据市场行业发展变化适当地做相应调整，这样才能保障教学计划管理机制的适应性。相信在教学计划管理机制不断优化过程中，高校教育教学管理也会朝着更高的水平发展。

（二）加强高校师资队伍建设

随着教育改革机制的不断深入，高校生源数量不断扩充，在这个过程中高校无论是教师人数，还是教师素质能力都无法满足院校的教育教学发展需求，院校师资结构不合理现象十分严重。对于高校而言，师资结构建设只有呈现出"梯队"状态，才能让高校教师专兼结合、优势互补，从而更好地提升人才利用度。这是合理师资结构的一种体现，同时也是高校教育教学管理的基础保障。高校可以从以下两个方面做起：一是结合现有的师资资源，全方位、多层次地建立教师培训体系，从教学和教研两个方面出发，立体化对教师进行培养，这样才能使高校教师师资队伍素质朝着更高的方向发展；二加大高校教师招聘工作，从学历、教学能力、管理能力等多个方面入手，在院校内打造一支高素质的人才队伍。在这个过程中，还应该不断地完善奖惩机制，在为教师创建更好的教育教学管理环境的同时，规范教师教育教学管理工作行为。相信在加强高校师资队伍建设下，一定可以为高校教育教学管理注入不竭的动力。

（三）完善教学质量监控体系

在高校教育教学管理工作开展过程中，教学质量监控体系是提升管理水平的保障，可以对高校教育教学管理工作进行更有效的监督。为此院校可以从以下三个方面出发：首先，高校要认识教学质量监控体系完善的重要性。只有形成有效的监控机制，才能督促教学管理水平提升，为教学工作质量提供保障。因此，在进行教育教学管理工作时，必须要确保教学质量监控体系建设的重要地位。其次，在完善教学质量监控体系的过程中，要构建相关的评价标准，并且要保障评价标准的公平性与客观性，这样的评价体系建设才有意义。最后，教学质量监控体系要与反馈机制与奖励机制相结合，从而实现高校教育教学管理工作的良性发展。

本节主要针对高校教育教学管理现状及对策进行了相关方面的分析和探讨。通过本节的研究，我们了解到，现下高校教育教学管理工作还存在着一定的问题。因此，为了能够更好地推动高校教育教学发展，加大高校社会优质人才输出，高校就必须要从现阶段的教育教学管理工作现状研究入手，有针对性地制定解决措施，进而推动高校长远发展，同时实现我国教育的优化改革，培养更多高质素人才。

第二节　高校教育教学管理的观念

随着时代的进步与发展，社会各个领域发生着重大的变化，高校教育教学管理也不例外。基于教育大众化背景下，对于高校教育教学管理质量提出越来越高的要求。因此，面对全新的发展形势，高校加强对教育教学管理观念的变革与创新是非常必要的，在推进高校朝着现代化方向发展的同时，提升高校人才培养的质量，从而满足社会发展对优秀人才的需要。本节从教学管理观念、管理制度、管理体系以及评价体系等多个方面探讨高校教育教学管理观念变革的实践创新，希望能够为有关专业人士带来一定的参考与借鉴。

21世纪是互联网广泛应用与普及的时代，信息技术与计算机技术的应用改变了人们的生活方式与教育方式，给高校教育教学管理既带来了机遇也带来了挑战。新形势下，高校要具备与时俱进的意识，紧跟时代的发展步伐，根据社会发展需要变革教育教学管理理念，全面落实人才培养工作，将学生培养成为社会发展需要的复合型人才，从而为我国社会经济建设进步与发展奠定坚实的人才基础。

一、顺应时代发展需要，加强对教育教学管理观念的创新

随着经济全球化的深入，高校要紧跟时代发展步伐，加快变革教育教学管理观念，根据市场发展需要制定人才培养方案。一直以来，我国高度重视高校教育教学改革工作，并出台了相关的支持政策。在国家大力支持下，高校的质量意识不断增强，积极地推进教育改革步伐，并制订科学的人才培养计划。由此可以看出，高校教育教学改革工作要与时代相接轨，根据社会发展需要形成现代化管理思想，大力创新教育教学管理方式与内容。此外，高校要以时代发展为基础建立可持续管理制度，在保证管理质量与水平的同时实现教育教学目标。

二、建立健全教育教学管理系统，加强对教育教学管理制度的创新

高校在开展教育教学改革过程之中，要以工作决策、执行、监控以及信息反馈等方面为着力点，从整体上优化教学管理工作。对于高校的教育教学管理而言，关键是要注重各个系统优势的发挥，加强各系统的协调与互动，确保系统整体功能的有效发挥。高

校可以从以下几个方面入手建立健全教育教学管理系统：

首先，提高教学管理设计水平，落实检查、监控、评估以及反馈等方面工作；其次，加强教学评价管理，充分发挥教学评价的重要价值；再次，加大对教学质量监控力度，强化对学生的引导，重点激发出学生的学习兴趣；最后，教学管理工作要体现出学校主体性，充分发挥学校的主导作用。

高校在教育教学创新与改革中要重点加强对管理制度的创新，制定出弹性管理模式，保证教育教学管理工作质量与进度。就目前而言，绝大部分高校一直沿用传统落后的管理制度，阻碍着学校的进步与发展，影响人才培养方案的制定。所以，高校要积极转变教育教学管理理念，摆脱传统管理思想与制度的束缚，积极树立起现代化管理思想，全面推进制度的改革与创新，以学生为中心开展教育教学管理活动。

三、树立整合思想，加强对教育教学管理体系的创新

（一）构建教学改革系统

高校教育教学改革要着眼于整体，从代表性专业入手逐渐分化至各个学科与教学内容，应当根据学校的教育方式与自身特点建立健全教学改革体系，确保体系全面覆盖教学方式、教学内容以及课程设置等多方面内容，实现对人才培养方案优化，同时形成现代化教学管理理念，以保证学生的知识水平以及综合素质的全面提升。

（二）建立人才培养系统

高校肩负着为社会发展培养高素质人才的重要任务，人才培养一直以来是高校的核心工程，这就要求高校要从思想上提高对教学工作的重视，加强对教师队伍的建设，在教学中贯彻落实"以生为本"的基本思想，通过开展高效率的教学工作，全面提升高校的教学水平，积极推进高校改革的进程。同时，高校要加强教学管理工作，以此为核心推进学校其他各项管理工作的顺利开展。

（三）形成教育教学管理系统

高校要重视建立健全教育教学管理系统，树立现代化管理思想，实现管理与建设以及研究与改革的紧密结合，从而有效地促进教育教学管理整体提升。研究中首要任务是明确改革目的与方向，通过建设与管理充分地体现改革精神，建设是保证改革成果的重要基础，管理是保证建设质量的关键，加强管理有利于实现改革的目的。

四、建立健全高校教育教学工作的评价体系

（一）构建教学质量评价体系

高校在变革教育教学管理观念时，有必要根据高校的发展特点，从高校发展实际情况出发，遵循可行性、系统性以及科学性等基本原则建立健全教学质量评价体系。对于全体教职工的评价，要坚持公平、公正的基本原则，实行对教职工教学质量的全方位的评价。需要注意的是，由于每个教师所负责的教学工作有所不同，这就需要在充分了解

各个学科特点以及教学具体要求基础上对教师进行评价，在保证评价合理性与科学性的同时，区分出各个教职工的档次，并以此评价为基础进行教学岗位绩效考核。

（二）构建教学状态评价体系

对于高校的教育教学管理而言，构建完善的教学状态评价体系是非常必要的。高校在开展教育教学管理中，要将教学过程、教学质量、教学建设以及教学改革等方面作为重点管理内容。同时，要保证评估的科学性、合理性以及系统性。此外，高校要以人才培养为核心加大教学投入，科学合理地制订教学计划，在保证教学工作全面推进的同时，切实保证教学质量与效果。除此之外，高校应建立奖惩制度与激励制度，对于教学中表现优秀的教职工，要给予物质与精神上的奖励；对于教学中态度散漫，工作不认真且存在失误的教职工，有必要进行批评教育，使其积极改进教学工作，从而保证高校的教育教学改革的顺利进行。

（三）构建学生素质测评体系

对于学生而言，构建学生素质综合测评体系具有重要意义。一方面，可以点燃学生的学习兴趣，调动学生参与课堂教学的积极性与主动性；另一方面，可以全面提升学生的学习质量与效率。因此，高校在教育教学管理观念变革中建立健全学生素质综合测评体系，并在此基础上构建奖优制度与创新制度，以学生为中心采取先进的教学模式，注重培养学生的自主学习能力，同时要采取科学方式定期展开对学生的知识水平、学习水平与综合素质等的测评。其中，对于学习成绩优秀且表现突出的学生要给予奖励与表扬，鼓励学生大胆创新与思考。

随着社会的进步与发展，对于优秀人才的需求量不断增加。因此，高校要肩负起为社会发展培养高素质人才的重任，以市场需求为导向做好人才培养工作，做好高校的教学工作，保证高校的教学质量与水平，从而塑造出良好的学校形象，提升高校的知名度。同时，基于教育大众化背景下，高校要积极改变传统落后的教育教学管理思想，形成现代化教育教学管理理念，建立健全管理制度，推进高校的健康长远发展，促进我国高等教育事业迈向更高的台阶。

第三节　高校教育教学管理信息化

为了更好地引导高校教育教学管理信息化建设工作向着更加健康和积极的方向发展，应该保证对这项工作进行合理、准确的评价，通过探索更为有效的方式，利用先进技术对高校管理水平进行提升，不断地促进高校教育教学管理信息化的建设和发展，以更好地满足时代发展需求。

随着经济、文化和社会的多元化发展，用人单位对于人才有了更高的标准，高等学校在教育过程中不仅要注重对学生的知识传授，更需要注重对社会传输优秀的人才。为了满足这一条件，高校需要转变自身教育中的传统观念，通过不断地改革谋求生存与发展，通过对传统教育观念的改变，将更有效地认识到信息技术在当前教育中的积极意义，对教育中存在的各种问题进行解决，引导高校教育教学管理向着现代化的方向发展。可以说，教育教学管理信息化建设将是今后我国高校的主要发展方向。针对这种情况，本节将对高校教育教学管理信息化建设展开进一步研究，并提出相应解决策略，希望对这项工作的开展起到更大的帮助。

一、高校教育教学信息化特征

（一）教育教学中的信息呈现"碎片化"状态

在高校内部围绕教师或是学生进行服务与管理所产生的相关数据大多具有"碎片化"的特点，这些没有经过处理的碎片数据也是对大数据价值造成影响的主要原因。高校在日常建设过程中，需要对大量的数据和信息进行处理，这些信息内容通常被分为教学管理、学生工作和师资团队建设等。因此，需要对各个环节进行有效的搜集和加工，那么高校就需要对信息化建设工作引起更高的关注和重视。

（二）教育教学数据信息具备持续性特征

高校教育教学信息数据的持续性主要体现的是校园科研和管理工作的规律。高校对于教育教学信息化管理工作并不是一项一蹴而就的工作，而是一项需要长期坚持的相关数据统计工作。如果在这个过程中仅仅依靠短期数据对教学实践进行辅助将难以起到帮助作用，工作的开展也将缺乏科学性和全面性。

（三）教育教学数据信息呈现多维度

所谓的信息数据多维度指的是能够代表校园参加活动的完整个体状态。比如，学生在对图书进行借阅的过程中，学校可以充分掌握学生日常的兴趣爱好；而学生在对一卡通进行使用的过程中，学校则可以掌握学生的家庭情况。这些数据的产生都将为学校提供十分有效的数据。那么，高校也应该对这一资源优势进行有效利用，以加强教育教学信息建设工作。

二、高校教育教学管理信息化发展现状

目前，我国高校教育教学管理信息化虽然已经取得了很大的发展，但是经过笔者的实际研究，认为现阶段现状并不乐观。

（一）缺乏系统性规划

教育教学管理的信息化是当前高校信息化建设中十分重要的环节。因此，应该与学校的办学理念进行结合，通过对目标的定位和发展战略的研究，促使高校决策层对其进行科学规划与论证，有效地将其融入到学校发展规划中。但是，经过笔者对高校教育教学信息化建设工作的分析来看，发现有的高校并没有建立起全局性战略目标和思想，使

得这项工作的开展经常处于长期缺乏规划的状态。

（二）缺乏有效的整合与调整

高校教育教学管理信息化具有明显的长期性和复杂性特征。因此，在实际建设实施过程中，会对学校现存的管理思想、制度和方式产生一定的影响和冲击。目前，很多高校没有建立起相应的信息化体系，不同的部门之间很难将信息进行有效的整合和规划，部门和部门之间很难进行相互监督制约，这也在某种程度上给信息化管理带来了很大的阻力。

三、提高高校教育教学管理信息化水平的策略

高校开展教育教学管理信息化工作的主要目的是将学校的功能进行充分发挥，对高素质的综合性人才进行培养，此种前提下要求学校的管理水平也要随着时代的发展而进步。

（一）对管理机制建设进行加强

高校的教育教学管理信息化主要包含的是教育教学系统和信息化系统。在对高校进行教育教学管理信息化系统工作的过程中，还需要包括对研究生、本科生、专科生教育教学信息的管理。通过对系统的整体规划，对很多部门中的职能进行相应调整，对于实现不同管理部门的无缝对接将产生十分重要的帮助。比如，对于不同水平的教育工作可以实现在一个平台上的教育，也就是通过对信息的共享，更好地促进教育教学管理信息化。

（二）对管理队伍的建设进行强化

管理队伍综合素质的提升对于促进教育教学管理信息化进程将起到十分明显的帮助作用。人的进步和发展不仅是学校实现信息化的前提，更是学校进行信息化建设的主要目的。所以，教育教学管理信息化建设工作更需要树立以人为本的意识和理念，充分重视管理队伍建设。那么，在开展这项工作的过程中，还需要对以下工作环节高度重视。首先，要对教师队伍的信息化建设引起重视。通过加强各种形式的培训，为教师的学习创造更多有利的条件，帮助广大教师摆脱传统教育思想的束缚，不断更新教育观念，积极帮助和引导教师对先进的网络信息技术进行学习，这对于提升其信息技术能力将起到更大的帮助。其次，要对管理队伍的信息化建设工作高度重视。为了确保信息化基础设施能正常运行，高校需要相应组建一支技术维护人员队伍，及时处理网络、计算机设备出现的问题。

教育教学管理工作的信息化建设应该是一项逐渐完善的过程，不可能是一项一蹴而就的工作。这就要求高校中的相关管理人员要实现更有效的工作配合，这样才能在信息化建设的过程中，更好地利用资源与优势实现管理工作的科学性、准确性，为高校教育教学管理信息化水平的提升提供有效的帮助。

第四节 高校教育教学管理流程

我国高校教育教学管理流程，存在管理层思想不统一，重视程度不高，行政管理效率低下，管理流程再造技术落后等突出问题。高校需要建立互通互联的师生关系，培养适用于社会的专业人才来把握管理流程再造的重点目标。本节围绕建立管理再造理论体系，优化重组行政管理机构，明确教学目标，搭建信息管理平台系统，改革人事考评机制等几个方面提出了再造与优化的对策。

当前，我国的高校教育，在管理流程、管理体制、规章制度等方面发展不成熟，亟待进一步健全和完善。为顺应教育改革时代潮流，做好管理流程再造，采取有效手段，对教育组织结构、管理流程进行重新规划、优化定位，对高校的改革与发展意义重大；对学生素质教育与培养大有裨益。本节将重点指出高校教育教学管理流程中存在的突出问题，对流程再造及优化对策展开分析，并提出相关建设性的意见。

一、流程再造的相关涵盖与现实意义

培养学生个性，增强自主创新能力。高校教育教学管理流程再造，应打破传统的教育理念、教育方式，建立"高效、顺畅、有序"的新兴教学管理流程，实现教学管理流程信息化、便捷化、规范化、制度化；在教学质量方面，注重学生的个性培养，以增强自主创新能力为核心。

教育教学改革创新的必然趋势。当前，我国高校教育教学管理模式、体制、流程、制度等方面，存在诸多矛盾与问题，无法适应当下教育改革创新的新形势。高校教育教学管理流程再造破旧立新，是顺应教育改革创新时代的必然趋势。

保障教育质量的客观要求。随着高校扩招政策开放，高校教育承受着前所未有的压力，如何不负国家事业的重托，不负每个家庭的殷切希望，培养合格的、有用的社会人才，成为全社会普遍关注的话题。高校教育为保障教学质量不下滑，完成为国家、为社会输送适用人才的艰巨任务，迫切需要对管理流程进行再造与优化。

二、高校教学管理流程再造，亟待解决的关键问题

管理层思想不统一，重视程度不高。传统的、垂直化的、单一化的管理组织构架，使得高校的管理层自上而下，形成固定的思维方式，常年受制于接受、执行命令下的管理机制，与信息化、高效化的改革趋势相悖。在变革管理方式、开展管理流程再造工作时，高校管理层的变革思想不统一，支持程度不高，参与性不强，严重阻碍流程再造的进程。

行政管理效率低下。我国高校现行的管理模式，是呈"金字塔"形的层级管理，级别分层多、分工过细、结构臃肿。行政审批流程繁琐，无用、重复性劳动多，导致人的

工作积极性不高。此外，信息化程度不高，信息传播迟缓滞后，工作效率低，应变能力不强。在高校行政管理体制下，内设多个职能管理部门，部门与部门之间划分过于明确，缺少沟通合作、相互协调的工作氛围，容易造成各自为政，只注重局部利益、忽视整体利益的不良后果。

管理流程再造技术落后。高校管理流程再造，绝非纸上谈兵，它是一项长期的、复杂的、系统的工程，需要有充足的技术条件做支撑。然而，现有的信息化设备、工具等严重缺乏，技术条件落后，导致流程再造工程无法落到实处。

三、高校管理流程再造应把握的重点目标

建立互通互联的师生关系。高校教育和中小学、高中教学相比较，师生关系的联系度、紧密度要少之又少。高校教师更多的是按点上课、打考勤、出试卷、学期末授学分，对学生个体的了解、个性的培养、综合素质的考量往往放任和忽视，师生之间的沟通和互动严重欠缺。高校管理流程再造，重点需要把握的目标之一，是加强师生之间的互通互联，建立共享、共通、互动、融洽的师生关系。

培养适用于社会的人才。高等教育教学管理的终极目标，是为国家、为社会输送有用的人才。学生通过在学校几年的专业学习，成功步入社会，找到工作岗位，实现个人价值、为社会作出贡献。就目前的高等教育而言，专业设置与市场严重脱轨，重理论、轻应用，毕业生进入企业后，难以快速适应岗位，甚至拿着毕业证书和简历根本找不到得以发挥才干的岗位。这就要求在高校教育教学管理流程再造过程中，更加注重教学质量，紧跟市场的脉搏，与市场经济接轨，合理设置专业、安排课程，为国家、为社会培养有实用价值的人才。

四、高校管理流程再造的优化策略

建立管理再造理论体系。高校教育教学管理流程再造，可以借鉴西方 BRP 企业流程再造理论，组织管理人员开展深入研究与学习，紧密结合教育实际工作，科学合理地加以运用，逐步建立高校教育管理流程再造理论体系。

优化重组机构，明确教学目标。高校要对下设的行政管理部门进行重置，精简结构层次，明确分工，完善管理结构；加强部门与部门之间的沟通与合作，提高管理人员工作效率；构建畅通高效的信息传递模式，为学生提供更优质的服务。高校应加强与社会的联系，科学、有效设置专业和课程，教学内容与市场应用相结合，注重学生的个性化培养，打造专业化、实用性、创新能力强的人才队伍。

搭建信息管理系统平台。高校教育教学管理流程再造，需要加强信息化管理。高校要充分利用现代信息化技术手段，整合调动一切教育资源，构建一套完备的、高效的信息管理系统平台，做到信息实时滚动、及时更新，成功搭建起学校与社会的桥梁。

改革人事考评机制。高校不仅要调动教师的工作积极性和学生的学习热情，还要改

革人事考评机制，调动管理人员和教师的工作积极性。一方面，改变单一靠期末考试成绩评定学生综合表现的评价方式，设置学期述职、绩效考核等教师管理体系，设置日常作业、实操训练等学生素质提升途径，进行全面考察，综合评定。另一方面，加强对管理人员日常考评，定期开展服务度、满意度调查；结合科研成果、科研论文、教学效果等方面，对高校教师进行综合考评，倒逼教师积极上进，提高教学质量。

高校教育教学管理流程再造与优化，是时代发展的必然趋势，是高校需要勇于面对的问题。然而，变革的成功绝非一朝一夕，未来仍存在一定的困难。相信通过对高校管理流程问题的剖析，把握重点目标，积极探索解决问题的思路与方法，我国高校管理流程一定会走上制度化、规范化、高效化、信息化的道路，真正服务于教师和学生的成长发展所需。

第五节　以人为本推进高校教育教学管理创新

创新教育教学管理模式是推动教育事业更好发展的保障。以人为本的管理理念顺应了当代社会发展的趋势，将其运用到高校教育教学管理中，对教育教学管理的创新与发展具有重要的意义。为此，笔者以《以人为本推进高校教育教学管理创新》为课题，从开展以人为本推进高校教育教学管理创新的原因入手，对实现以人为本推进高校教育教学管理创新策略进行深入探究。

一、开展以人为本推进高校教育教学管理创新的原因

众所周知，高校教育教学管理是高校工作的重要组成部分，对于促进高校发展以及在给学生创造一个更和谐、更有序的生活和学习环境中扮演着极其重要的角色。而要实现推进高校教育教学管理创新，首先应该保证能够坚定不移地以科学发展观为理论指导，并且始终坚持以人为本的教育理念，这样才能真正达到教育的要求。

以人为本是高校教育教学管理的根本诉求。以人为本的理念早已被提出，要想坚定不移地落实科学发展观，必须达到以人为本的核心要求，并且意识到为人服务、对人有利才是发展的根本目的和基本要求，还要保证所取得的发展成果能被人享有并且惠及全人类。高校是有计划、有组织并且能够开展系统性教育工作的机构，其目的就是为社会的发展提供保质保量的人才，以教育促进社会发展，也让社会的发展为教育提供教学指南。与社会上的企业相比，高校教育是一种为教书育人而设立的机构，其不以盈利为目的，却对学生有一定的要求，要求他们能够遵守相关的规章制度。高校的教育者需要掌握扎实的理论知识、教学技能和专业技能等，还必须具备高尚的职业道德操守，需要尽可能地拉进与学生之间的距离，实现与学生心灵上的交流和沟通。在高校领导、教职员工和学生这三个层级构成的群体中，人不仅是高校开展教育活动的主体，同样也是客体，

人的双重身份使得教育管理更应该坚持以人为本。高等学校是开展高等教育的教育机构，同时也是培养各个行业人才的重要场所。设立高校的根本目的就是培养具有创新能力的高级别人才。为了能够使高校教育达到这一标准，必须保证师资力量，这样才能保证所培养出的学生符合高级别人才的需要。"教授"与"学习"都是一个很花费时间和精力的劳动方式，既需要相对自由的学术氛围，又需要能够让教学环境有一定的宽容度，从而满足人文主义式的管理要求。

以人为本才能满足高校教育教学管理的实际需求。很多年以来，我国很多高校都致力于实现以人为本管理理念的要求，不断积极地探索现代化教育教学管理模式和机制，并且从目前的情况来看已经取得了初步成效。然而，总的来讲，目前以人为本开展的教育教学管理工作并未从本质上使问题得到解决，人性缺失现象还较为突出。而产生这种现象的原因主要有三点：一是教育教学管理目标不够完整。实际上，很多高校管理者经常讨论的话题不外乎是教学评估、如何升格、申请硕士博士以及争创名牌等，教学管理的重点都放在了设备更新、维护、多媒体教室的建设和食堂、操场建设等问题上，而对"人"的问题关注的非常少。不可否认，这些问题都属于高校发展中的重要组成部分，但是与学生、教师这些主体而言，高校所开展的其他工作就显得相形见绌，还是应该放在"人"之后。以人为本的重点在于对人的尊重，学会换位思考和理解他人，才能依托于对人的全面管理来实现高校的稳步发展。二是教育教学管理体制和机制行政化。高校是一个以教育为目的的场所，不是政府机关，在开展教育教学管理工作时要认清这个问题，不能使教育教学管理体制和机制朝着行政化的方向发展。很长一段时间以来，受到计划经济体制的影响，我国高校教育教学管理一直遵循着自上而下的直线式管理，强调的是上级领导下级，并进行统一指挥，要求绝对服从，甚至存在以行政性管理替代学术性管理或者弱化学术性管理的趋势。基于当前高校的这种教育教学管理现状，使得教育教学管理不仅不能充分体现出各层级教学组织的价值和意义，而且也很难调动教师工作的积极性和学生学习的热情。三是教育教学管理制度呈现僵化的特点。很多高校在开展教学的过程中逐渐形成了一整套涉及教育教学管埋规章制度体系，在改善教育教学管理工作方面发挥了一定的作用。然而，由于受到这些条条框框制度的影响，教师在真正想对教学工作进行改革创新时会受到很多限制，不利于教育创新的实现。不仅如此，在这种约束下，还使教育教学活动展现不出活力，从而使整个教育教学管理工作的效果受到影响。

二、实现以人为本推进高校教育教学管理创新策略

要想真正地实现以人为本，推进高校教育教学管理创新的目标，就必须清楚地认识到以人为本教育教学管理理念的重要性，逐步强化以人为本的管理理念，探寻更为人性化的管理模式，并且及时地构建服务型的管理队伍，从而为教师和学生提供更高质量的管理服务，满足他们的实际需求，促进高校健康的发展。

探寻更为人性化的管理模式，应该满足一定的要求：1.弱化行政功能，强化学术功能。

高校是开展教育的场所而不是办公的场所。所以，应该有意识地淡化官本位和行政权力，坚持专业化的治校理念，始终维护教授在教学管理中的核心地位和核心作用，赋予他们在高校教育教学管理中的权利和相关权益，避免"外行人指挥内行人工作"情况的发生。2. 由独断专行向民主型转化。高校在开展教育教学管理的过程中要体现出民主性，不能独断专行，要保证教师能够享有基本的教学自由开展教学改革创新工作，从而改变当前教育现状，为学生提供更优质的教学环境。3. 能够由被动接受型转向激励型。管理分为被动接受型和激励型。激励属于更高级级别的管理方式，其取得的管理效果更好，同时对管理者的管理能力要求也更高。这就要求高校能够尊重师生，不断地完善教育教学管理规章制度，努力在原有的被动接受型管理方式中融入激励型管理因素，逐步实现由被动接受型管理向激励型管理的过渡。

构建服务型的管理队伍。即使传统教育教学管理在不断的发展过程中表现出了一定的优势，但是面对现代信息化管理还是存在一些过于繁琐、呆板的问题。身处信息化时代，高校教育教学管理应该以现代化教学管理理论为导向，对传统教学管理体制和机制进行改革创新，使教学活动向实现教学管理现代化方向不断靠近。管理并不意味着压迫和绝对服从，其更倾向于一种服务性质，是以为教师和学生服务为目的。这就要求管理队伍能够树立以人为本的服务理念，在处理问题时要做到热情、耐心和细致。当然，为了提高服务的质量，还应该不断地提高管理人员的专业素养，提高他们的综合素质和业务能力，增强他们的职业道德感。与此同时，还应该构建并完善教学管理人员的目标管理责任制，激励并引导教育教学管理人员严格要求自己，以身作则，在对师生进行管理的同时不断深化教育教学管理的功能。

以人为本作为当代社会的一种新的管理理念，其顺应了时代的发展，将以人为本的管理理念运用到高校教育教学的管理中有利于高校教育教学管理的创新与发展。由此可知，《以人为本推进高校教育教学管理创新》这一课题具有重要的研究意义。

第六节　大数据下高校教育教学管理

随着信息技术的不断发展和互联网络的普及，大数据时代已经到来，对于数据信息的集成化处理已经成为各行各业发展的一大趋势。在大数据时代下，高校的教育教学管理工作在模式和方法上应当进行一定的优化和创新，通过教育教学管理的信息化建设来提高高校管理水平和管理效率，为我国高等院校的现代化发展以及学校综合实力的提升奠定重要的基础。本节主要围绕高校教育教学管理信息化建设的有效途径进行相应的分析和研究。

随着我国教育事业的不断发展以及育人水平的不断提高，高等教育正在实现普及，同时为了满足当前社会对于多元化人才的需求，高校在专业设置、课程划分上作出了一定的调整，办学规模逐渐扩大，学生人数也逐年增加，这无疑给学校的教育教学管理工作增加了不小的难度。在大数据时代下给高校教育教学管理工作提供了新的思路和方法，可以应用数据集成化处理的模式来进行相关教育教学信息的收集和整理，构建相应的教育教学管理信息平台，从而提高高校日常教育教学管理工作的效率。

一、大数据时代高校教育教学管理实现信息化的重要性

（一）有利于构建全面的教育教学管理系统

教育教学管理是一项十分复杂的工作，其中涉及的主体既有学校的教育工作者、管理者，又有学生，内容从教学计划的编制到教学活动的开展，从教学后勤保障工作到教学环境的优化完善，这些都属于教育教学管理的范畴。在这个过程中涉及大量的管理信息，通过应用大数据来构建一个教育教学管理系统，将这些信息数据进行集中的整合和处理，能够实现对师资、学生信息、教学质量监管、教学信息收发等全面的科学化管理，为教育教学管理工作提供极大的便利。

（二）有利于提升高校教育教学管理效率和规范化水平

做好教育教学管理工作是保障良好教学秩序的关键所在，在教育教学管理工作中所涉及的大量的繁杂事物和信息内容如果无法进行科学化的处理，那么将会严重降低高校的管理质量和水平。而通过教育教学管理的信息化建设，能够将教育教学管理工作的各个流程和环节进行有机的联系和渗透，不管是教学方面还是学生管理方面都可以借助于相应的信息系统或者是平台来完成规范化的管理，就比如我们在完善学生的学籍信息的过程中，就可以拟出一份规范化的信息完善流程，让学生统一登录到学校的管理平台之中，按照流程一步步进行操作并且完成信息的提交，而学校教育教学管理工作者只需要对这些信息进行汇总和审核就可以完成这项工作，大大提高了工作效率和管理的现代化水平。

（三）有利于实现教育教学资源的共享

通过构建相应的教育教学管理信息化平台，不仅可以让学校的教务部门掌握与教学活动、与学生最密切相关的一些基础数据，同时还可以借助这一平台进行数据分析和处理，根据不同层次人群的需求，整合相应的教育教学资源和信息。对于教师而言，其在教育教学活动中所需要的一些课程资源学校就可以利用信息化系统进行共享，让教师根据教学需求浏览或者下载。同样的针对学生这一层面来说，可以在教育教学管理平台及时发布一些就业资讯、考务信息等，从而体现信息的共享性和多元化应用价值。

二、大数据时代高校教育教学管理信息化的有效途径

（一）保证教育教学管理系统的实用性和可操作性

大数据时代高校教育教学信息化管理，最关键的就是要保证这一教育教学管理系统的实用性和可持续操作性，只有将教育教学管理平台真正地应用到教务管理过程中，才能发挥其相应的作用和价值。因此，这就要求高校一定要重视相关系统软件的研发，联

合高校的计算机专业，聘请相关方面的专家同教学管理人员组成系统规划设计小组，对于这一系统的模式架构、功能延伸和性能保障进行深入的分析与研究。同时学校要设立专门的教育教学管理系统管理员岗位，负责日常的维护及运营管理工作，帮助解决学校各部门在实际操作应用中存在的问题，提高教育教学管理信息化建设质量和水平。

（二）重视对基础信息的收集与整理

我们在应用教育教学管理信息化系统的过程中，最重要的就是实现对基础信息数据的准确收集和分类整理，我们要保证数据信息的准确性和真实性，就必须要对基础信息的录入等相关工作进行严格的审核和监督。比如，每学期各专业课表的设置、学生考试成绩的录入、学籍信息的核对与变动，在进行这类基础数据上传的过程中学校的各个院系都必须要进行严格的检查，如果出现相关的数据异常，学校可以按照规定对相关院系和主管部门进行追责。这样做能够保证信息的完整性和真实性，同样也督促我们的工作人员要更加细致地完成信息收集与整理工作。

（三）加强对教育教学管理系统的维护与安全防护体系的构建

大数据时代下信息数据的安全更应当引起高度重视，高校在构建教育教学管理系统的过程中，为了确保此类信息数据的安全，必须要完善相应的安全防护体系，重视日常系统维护工作的开展。首先，学校在构建教育教学管理系统之初，就要在技术人员的指导下完善内外部的安全防护体系，安装防火墙，避免系统受到攻击以致数据泄露；其次，在进行日常系统维护的过程要做好数据的备份整理工作，数据只要发生变动或者更新就要及时进行备份；最后，根据层次化的需求要对教育教学管理信息化系统设置相应的权限，教师管理层和学生层通过层级加密的方式来保证信息的安全性。

大数据时代下实现高校教育教学管理的信息化，体现了高校管理工作的创新，能够实现高校教育教学管理效率和质量的提升，为今后教学管理工作的顺利开展创造良好的条件。

第二章　现代教育教学管理模式研究

第一节　高校教学管理模式创新

高校教学管理近年来虽然进行了一定的革新，但仍然不能满足经济社会发展对培养创新型人才的需求。教学管理理念不新、方式比较僵化、院系一级自主权不足，是高校教学管理存在的主要问题。对此，高校应当摒弃传统僵化的教学模式，更新观念，与时俱进，开拓创新，努力使高校教学管理跟上时代及教育发展的步伐，培养具有创新精神和实践能力的大学生。

一、高校教学管理体制历史沿革

民国时期的学院制。我国的学院制，起始于 19 世纪末，当时的京师大学堂实行的是分科教育。根据 1929 年颁布实施的《大学组织法》和同年制定的《国立清华大学规程》可以看出，民国时期的大学普遍实行学院制，当时的学院既是大学成立的条件，同时也是大学的中层机构。

建国初期的校、系、室三级管理体制。中华人民共和国成立以后，我国大学实行的是校、系、室三级管理体制。当时，为适应建立计划经济体制的需要，我国大学参照苏联的做法，对院系进行调整，大学只分为文理大学、单科性大学以及单科性学院，取代了原来意义上的学院制。在校、系、室三级管理体制中，管理权力全部集中在校级，系只是根据学科专业建立的基层学术机构，系下设教研室。由于当时大学学科基本上是单科，没有综合发展的趋势，因此，校、系、室三级管理体制在当时是可行的。

20 世纪 80 年代的学院制。进入 20 世纪 80 年代后，大学学科综合化发展步伐加快，校、系、室三级管理体制已经完全不能适应时代发展的需要，于是大学重新建立学院制，设置校、院系两级管理机构。这个时期的学院制，不是民国时期学院制的简单回归，而是新形势下的继承和发展。而且随着时间的推移，现在大学的院系是按照学科群建立的，较之传统的按学科建院系又是一大进步。这种做法既顺应了学科综合化发展趋势，全方位开展跨学科、多学科综合教育，又有利于培养创新型、复合型人才。

二、传统教学管理模式的主要问题

教学管理理念不新。受传统惯性思维影响，我国高校教育工作者普遍以管理代替服务，没有充分认识学生的主体作用，不能充分发挥学生在教学管理中的主观能动性，导致学生的自主权得不到尊重，创造个性受到压抑。学生有知悉并监督学校教育教学管理行为的权利，事实上这种权利大都被学校忽视；学生有选择专业、课程、教师、考试乃至学习年限的权利，学校对这些方面实施的是统一管理，学生选择的空间不大；学生有参与教学管理的权利，但教学管理者仍处于权威地位，学生主体性、参与性均得不到充分体现；学生应该有鲜明的个性，但这种个性往往在在重共性、轻个性的氛围中被扼杀。

教学管理方式比较僵化。主要表现为管理系统相对封闭、内容高度一致、计划强制执行。管理系统相对封闭，是指学校在教学管理过程中，过于强调行政权威性，缺乏民主化和人性化；重视作出决策，忽视决策后的监督、反馈和评价，从而形成一种内部循环状态，不能有效地调动各方面的积极性。内容高度一致，是指绝大部分高校仍然沿袭计划经济体制下的一套做法，按照行政命令，执行统一的教学计划、教学大纲、课程设置等，内容整齐划一，不利于培养创新型人才。计划强制执行，是指实行自上而下的直线式管理，一味地强调权威与服从，有管理无服务，学校教学行政管理人员往往主导教学管理工作，处于教学一线的师生则处在一个被动和服从的地位，缺乏话语权。

院系一级自主权不足。目前，我国高校多采取学院制管理模式，实行校、院系两级管理，这种管理体制在实施过程中还存在一些问题。具体表现为两个方面：一是学校与院系的关系没有理顺。学校与院系作为不同层次的教学管理主体，本应各负其责、各显其能，但实际上存在职权边界不清、权责不明的现象，学校管得比较多、比较死，院系实质上承担中层管理职能，充当的是一个执行主体的角色，管理上缺乏主动性和积极性。二是院系管理自主权不大。长期以来，校一级牢牢掌握了高校的决策权，几乎涵盖了学校所有事务，包括人、财、物、事等管理事项，院系一级既没有人事权，也没有财务权和事务决策权，就连教学管理也需请示执行，加上与学院制相配套的制度没有建立起来，部分高校院系级管理机构所处地位十分尴尬，缺乏自主权。

三、推进高校教学管理模式创新的对策措施

更新观念，牢固树立以人为本的教学管理思想。思想是行为的先导。高校教学管理应遵循"一切为了学生，为了一切学生，为了学生的一切"的原则，围绕学生主体来展开。首先，充分尊重学生的自主权，为学生自主学习、自我教育、自由发展创造条件。充分赋予学生知情权，学校、院系建立健全校务、教务公开工作机制，让学生及时了解学校有关教学管理工作情况；充分赋予学生选择权，建立健全选课制和导师制等相关制度，提高教师选修课质量，改进学籍管理，为学生自主选择专业、选修课程、授课教师、学习年限等提供保障；充分赋予学生参与权，重点是引导学生在教学过程和教学管理中有序参与，推动学生与教师及教学管理者形成良性互动，增强学生学习和运用知识的主动性和自觉性，培养学生的主人翁意识和自主自立能力。其次，充分尊重学生个性，注重培养学生的创新意识。一个人成功与否，与其个性有密切关系。高校应牢固树立个性化

教育理念，按照尊重个体差异、突出主体地位、促进个性发展的思路，充分发展学生的个性，挖掘学生的创造潜力。尊重个体差异，就是要充分考虑每位学生经济、文化、生活等背景的差异，理解和保护个别学生标新立异、特立独行等行为，因材施教，因人施教，以包容的心态促进学生发展，帮助学生成人成才。突出主体地位，重点是增强学生主体意识和自我意识，既注重培养学生的创造性和主观能动性，使其成为自我教育、自我管理和自我发展的主体；同时也注重培养学生的自我意识，引导学生正确地认识自己、评价自己，质疑权威、质疑教师，勇于展示自我，发表自己的独特看法。

重心下移，适当提高院系的管理权限。实施学校、院系两级管理是教学管理模式创新的核心内容，加强两级管理的重点是合理分权，适当提高院系的管理权限。具体来说，主要做好三件事：一是科学划分校、院系两级职权。按照权责对等原则，将校级领导和职能部门从以前的大包大揽中解脱出来，减少其对教学、科研等具体事务的干预。学校一级的主要职责是：对教育教学实施宏观管理，包括贯彻落实党的路线方针政策，把握学校的办学方向，明确未来发展的目标和重点，处理超越学院层次和跨学科的重大事务等。院系的主要职责是：统筹调配院系的人、财、物，承担基层行政管理和教科研管理双职责，自主管理和监督下属系部的各项教学科研工作。二是扩大院系的管理自主权。针对我国高校管理权集中在校级、院系有责无权的实际，按照授予院系教学管理权为主、行政管理权为辅的思路，将教学管理权全部下放到院系，包括管理学生、聘任教师、设置专业与课程、申报科研项目等；将一定的人、财、物管理等属于行政管理权配套下放到院系，为两级管理、分层决策创造条件。三是强化教学管理在院系中的核心地位。坚持保证教学经费投入、开展教学管理研究、提高管理人员素质"三管齐下"，促使院系将加强教学管理、提高教学质量的责任牢牢抓在手上、扛在肩上。

以生为先，实施学分制管理。实施学分制管理，是高校教学管理模式创新的一项重要内容，有利于克服目前高校教学管理中过多过死的弊病，有利于培养学生创新意识和能力。高校实施学分制，可以从选课制、导师制、弹性学制三个方面来突破。一是实行选课制。选课制是实施学分制的基础。选课制允许学生在学校既定范围内自由选择专业、课程、教师及上课时间，有利于提升学生自主学习能力。要按照增加选修课数量、提高选修课质量、加强选修课管理的要求，为学生提供量大质高的选修课程，激励教师提高选修课质量，引导学生积极参加选修课，为培养具有创造性才能的学生奠定坚实基础。二是实行导师制。导师制是实施学分制的关键。实行导师制，有利于发展学生个性，增强学生的学习积极性，实现提高教学质量的目的。要按照加强组织领导、班主任与导师相结合的思路，一方面，组建高校指导教师委员会，加强导师的选聘、管理、评价等各项工作；另一方面，以班级为单位聘任导师，实行一种班级导师制，尽可能地提高导师与学生之间的数量比，努力为学生提供高质量的学习和研究辅导。三是实行弹性学制。弹性学制是学分制的延伸配套制度，学分制为弹性学制实施提供可能，弹性学制能够转化学分制成果。弹性学制包括两种：一种是修满学分，提前毕业；另一种是延长学习年限，允许学生中途停学工作或创业。弹性学制的建立,可以满足学生自主确定学习进程的自由。高校应从改革学籍管理制度、学位管理制度、打破专业壁垒、模糊学习年限等方面着手,既允许学生延长学习年限,也允许学生分阶段完成学习;既允许学生边工作边学习,也允许学生申请休学或停学,以灵活多样的方式任学生自由选择。

第二节　高校开放教育教学管理模式

随着高等院校实践教学体系的逐渐完善及开放式教育教学的蓬勃发展,高校教育教学管理模式也应进行相应的探索与改革,以适应当今高校实践教育形势下的教学理念,使教师教学质量与教学实施效果的学习者及学习环境、教学形式、具体实现教学条件等得到充分的构建和完善。本节将从多个角度对高校开放教育教学管理模式的创新探索进行浅析,总结经验与成果。

一、课堂教学教程中的探索与创新

虽然近年来高校教学体系和教学管理模式越来越开放化与多样化,但是本质上都是为课堂课程教学服务的、以传统意义上的课堂教学理念为基础实施的改革与创新。因此,作为教育教学管理模式改革的依托,课堂教学教程是高校在教育教学管理改革中的第一个环节,也是最为重要的环节。

二、教学师资与教学计划的探索与创新

(一)师资力量

高校在教育教学管理改革过程中,对教师队伍的整体素质进行管理与改革,不再局限于"高学历""高资历"的教师团队,抛弃了过去传统固定的教师师资理念,将教师资源合理分配,进一步创新教师资源配置模式。将资历老、学识广的返聘教师与观念新、视角独特的年轻教师结合在一起,恰当地分配给每个年级、每个专业,最大化地凸显不同教师的不同授课特点,将多样化与灵活化相结合,又不失专业课程教学水准,实现教育教学的目标。同时,高校对教师职业素质定期进行培训,形成严谨认真的教师教风,使师资队伍的整体水平不断提升,确保高质量教学。

(二)考试评定改革

考试评定改革是教学计划中教学管理模式最为明显的创新表现。近些年,越来越多的高校抛弃了传统的"一试卷定优劣"的评定方式,将受教者综合素质、日常评定与专业笔试测验相结合进行综合评定。这样的创新,可以说是以人为本、与时俱进,也可以说是遵循了教育教学开放化模式的发展规律。对于受教者整体素质的全面发展有着良好的促进作用,使学生不用被简单化、机械化的笔试考试一定优劣,而是将课业知识与综

合素质修养渗透在日常学习生活中的方方面面，以获得综合的评定。

三、日常校园管理中的创新与探索

日常校园管理分为两大部分：一个是校园日常活动管理；一个是校园日常学风管理。高等院校对学生的教育教学较为集中，受教者吃、住、学均在学校完成，这就要求高校必须对学生的日常学习生活实行系统管理。因此，日常校园管理成为高校在教育教学管理模式中的重要分支，不可忽略。高校在校园日常活动管理中不断地求创新、求探索，逐渐形成了"一切为了学生、一切服务学生"的以人为本的基本理念，将受教者的地位摆在了至高处，针对学习积极性不高的学生不再实行苛刻严厉的惩罚式管理，而是耐心教导、严而不厉，用认真细心的引导管理学生日常学习活动。另外，充分利用由学生自己组建成立的团队组织进行辅助教学活动管理，也是各高校近年来采用的较多的管理方法之一。

四、思想教育在教学管理模式中的创新探索

育人先育德。随着德育教育在高校教育教学中的应用越来越广泛，思想教育作为教学管理的一部分也被高校充分地利用起来，进行创新与改革，从而更好地辅助教学活动的顺利进行。高校对学生的思想引导不再是以往概念化、课堂化的机械思想政治教育和品德教育，而是通过宣传与开展各种各样的思想教育活动，对受教者的思想品德及个人素质进行引导。例如，结合当前实际情况组织学生观看著名或实时主流爱国电影，使受教者对剧中人物所展现出来的爱国主义情怀与无私奉献的精神给予崇高的赞赏，在观赏交流中，学生们无一不被主人公的民族精神和理想信念所感动，对民族精神、道德品质和理想信念等德育教育有了更为深刻的理解和认知，从而加强自身道德情操修养。

五、网络、多媒体在教学管理模式中的创新探索

上述内容已经浅析过高校在教学课程中采取多媒体、计算机及网络进行远程教育教学的创新管理模式，而随着网络在当今社会的普遍应用，高等院校对互联网的利用也不再仅仅局限于授课教学，随着论坛、BBS、贴吧等网络交流媒介的兴起，高校也将目光投注在它们身上。一些高等院校的宣传管理者进驻在这些论坛当中，直接与学院学生进行交流，将传统与学生面对面进行意见建议听取的报告会改变为校园网络征集，范围广、覆盖面大、可信度高、直观明了、隐私性好这五大特点使学生能够畅所欲言，以参与者的身份对校园管理及建设等各方面提出宝贵的意见，对校园教育教学管理有着重要的影响。

另外，将职业道德情操渗透进受教者所学专业课当中也是近年来高校在教学管理模式中的思想道德建设方面的又一进步。例如，高等院校为了使学院学生能够在毕业后尽快地适应社会复杂多变的工作环境，适时地开设职业道德素质教育作为必修学科，将其纳入考试范畴，学生或主动或被动地接受职业道德教育，多数学生课下表示对此门学科

很感兴趣，既增加了对与专业相关职业的了解，又增强了个人信心。这样不仅保证了高校教育教学的基本政治方向和体系建设，更是推动了教学管理模式的发展与进步，从而达到为社会培养全方位人才的目的。

近年来，我国高等院校在开放教育教学管理模式上的创新与探索越来越多样化、全面化，因而取得了良好的成果，既提高了高校培养复合型、全面型、技术型、综合型人才的效率，又加大了我国高等院校教育教学体系的不断进步。但是，社会是不断变化的，随着经济的发展与社会的进步，所需求的人才也在不断地随着时代的进步而变化着。这就要求高校教育管理决不能懈怠，应时刻遵循与时俱进、以人为本的教育理念，将学生与社会更好地联结起来，为中国社会主义建设培养更多的栋梁之柱。

第三节　高校教学档案管理模式

随着教育改革的深入，对教学档案管理要求也越来越高。而高校作为培养人才的重要地方，加大高校教学档案教学管理的创新有着重大作用。本节就高校教学档案管理的创新模式进行了相关的分析。

高校教学档案管理是一项重要的工作，教学档案涉及面广，包括教学岗位的各个方面，全程记录教学过程，具有多种表现形式，高校教学档案管理的好坏直接关系高校教学的发展。随着教育改革的发展，对高校教学档案管理要求也越来越高，高校只有加大教学档案管理的创新，才能提高教学档案管理水平，进而促进高校教学的发展。

一、高校教学档案管理创新的必要性

高校教学档案管理作为高校管理的一项重要的工作，教学档案反映了高校的办学水平，做好教学档案管理工作有助于提高高校的办学水平。就当前高校档案管理工作来看，档案管理信息化水平低，教学档案管理工作不全面，专业的档案管理人员不足，进而造成高校教学档案管理水平低，严重影响了高校教学的发展。这种管理模式显然已经难以满足高校档案管理工作的需要了。伴随着信息技术的发展，计算机网络的应用也越来越普遍，而高校要想获得更好的发展，就必须加大教学档案管理的创新，利用计算机网络技术推进高校档案管理的信息化建设，进而更好地服务于教学。

二、高校教学档案管理模式的创新

（一）加强档案管理的标准化建设

在高校教学档案管理工作中，实现教学档案管理标准化建设不仅是我国教育改革发展的需要，同时也是我国信息化技术发展的内在要求。为此，在高校教学档案管理工作中，高校应当认清形势，用发展的眼光看待问题，引进先进的技术，建立统一的信息化管理系统，加强学校各部门之间的联系，确保教学档案的真实性。另外，在高校教学档案管理工作中，管理工作者要合理利用信息技术，将现代化的档案管理资料、数据等相关信息按照统一的标准进行管理，形成标准的档案管理体系，从而将档案管理现代化引入到正常的轨道中。同时，要做好系统的维护，对教学信息进行定期的更新。

（二）创新教学档案管理思想

就目前来看，高校档案管理工作中所采用的管理方式依然比较机械，没有认识到教学档案管理建设的真实目的，进而影响到教学档案管理效率。为此，在高校教学档案管理工作中，要积极地创新教学档案管理思想，要坚持以人为本的理念，鼓励师生共同参与到教学档案建设中来。因为老师与学生是教学践行者和接受者，他们最有发言权，让他们参与到高校教学档案建设中来，进而不断地完善档案材料，确保教学档案管理效率。

（三）实现现代化的管理

在高校教学档案管理中，不断加强现代化管理意识，让现代化管理意识深入到档案管理者的心中，规范他们的工作行为，确保教学档案管理效率，提高管理水平。实现现代化的管理，可以有效地提高档案管理的有效性，利用先进的科学技术，引进先进的管理方式，不断提高工作效益，从而提高高校教学水平。

（四）教学档案管理设备的更新

在高校教学档案管理工作中，设备陈旧，甚至在一些基层是采用人工的方式进行档案的记载和管理，影响到教学档案管理效率。在当今高速发展的社会，经济越来越发达，档案管理的重要性日益凸显，为了提高档案管理现代化的水平，高校就必须加大资金投入，引进先进设备，为高校教学档案管理工作提供保障。

（五）健全管理制度

教学档案管理作为高校管理中的一项重要工作，教学档案不仅关系到学校的发展，同时也关系到学生的成长，只有健全管理制度，才能不断地提高教学档案管理水平和质量。在高校教学档案管理工作中，学校必须加强学籍管理信息化建设，完善学籍管理制度，建立统一信息管理系统来加强教学档案管理。档案管理制度必须从学校实际出发，以国家相关法律法规为依据制定，内容应涉及教学档案管理工作职责单位、主要职责等内容。

（六）加强专业管理人才的培养

在高校教学档案管理中，专业的管理人员有着不可替代的作用。高校只有重视专业管理人员的培养与任用，才能提高教学档案管理效率。高校必须注重专业档案管理人才的培养，不仅要加强职业素养的培养，同时还要加强计算机操作能力的培养，为高校教学档案管理工作提供保障。

随着教育事业的发展，对高校档案管理工作要求也越来越高，高校教学档案管理的好坏直接关系到高校教学的发展。面对飞速发展的社会，我国高校要想更好地发展，就必须加大教学档案管理的创新，在高校教学档案管理中加大技术的应用，不断地提高教学档案管理水平，为高校教学的发展提供保障。

第四节　高校实践教学管理信息化模式

在信息经济的推动作用下，信息化技术悄然进入教育领域，有效地提升了教育教学管理质量，促进管理模式和管理体系的不断更新，使教学管理获得新层面的提升。在此背景下，实践教学管理作为高校教育教学管理体系的重要组成内容，应立足于当前实践教学管理信息化建设存在的问题，从学校和学生的发展实际出发，构建信息化管理新模式，以全面落实实践教学，力争高校教育质量再上一个新的台阶。

高校是我国高等教育体系架构的重要组成内容，是培养综合素质型人才的重要基础场所。实践教学管理不仅是我国高校教学管理的重要内容，更是高校教育管理体系必不可缺的组成元素。近年来，伴随科学技术的繁荣发展，以现代化科学技术为推动力的信息化技术取得了空前的发展，并在现代生活中占据越来越重的分量，它的发展和创新为我国实践教学管理提供了新的可能和发展契机。鉴于此，在信息技术高速发展的背景下，只有从信息化对高校实践教学管理带来的影响出发，不断创新管理方法和手段，构建管理新模式，才能借助信息化技术实现实践教学管理质的飞跃，为学生的就业发展奠定良好的基础。

一、信息化对高校实践教学管理带来的影响

在构成现代化人才的诸多要求中，实践与创新能力显得尤为重要。结合我国高校实际，实践教学已开设多年，形式也比较多，但由于传统管理模式过于形式化，导致实践教学管理出现混乱，无法最大限度地把实践教学的作用和意义发挥出来，高校实践教学管理水平相对滞后。在信息化教育管理发展的黄金时期，以多媒体计算机技术和网络通信技术为核心的现代信息技术正逐步渗透到教育领域，教育信息化已成为高等教育改革的必然趋势。现代信息化技术在高校教育教学中的应用，不仅可以大大提高教学效率和教学效果，还能够实现许多传统实践管理无法实现的新模式，为实践教学管理的发展和改革带来前所未有的机遇与挑战。

二、信息化对高校实践教学管理工作环境的影响

手段信息化。在传统模式下的高校实践教学管理工作，主要是通过手工收集、管理、反馈和交流进行信息处理工作，这不仅会影响管理工作效率，还会浪费大量的人力、物力。信息化技术的实践应用，可以对原有模式进行优化，实现信息自动化管理，不仅可以简化整个管理流程，还能提高实践教学管理的时效性。同时，信息化管理中的数字化数据存储功能，可有效避免传统管理手段中出现的信息失真和信息丢失问题。

记录信息化。高校实践教学管理工作所涉及的数据信息多样，在传统的人工信息记录方式中，极容易引发信息失真问题。通过信息化管理系统的引入，能够采用信息系统中数字化采集、存储、处理和展示技术，对数据信息进行转换、再现、复原，变成可共享、可再生的数字文化形态，并以一种全新的视角对数据信息进行保存，为日后的实践教学管理工作提供必备的数据支持。而且，信息化管理系统自身具备的信息汇总、信息查询和信息输出等功能，可以满足相关管理人员依据自身的实际需要，快速地获取信息。

三、高校实践教学管理信息化建设中存在的问题

信息化建设的理念滞后。现阶段，国内部分高校负责实践教学管理的职能人员，时代意识不足，缺乏对信息化建设内涵和重要性的深入认识，在开展管理工作时，仍旧沿用传统的管理理念和方法，习惯于运用传统的人工模式进行信息收集、管理、反馈和交流。再加上实践教学管理缺乏一套动态的管理制度，与新的信息化管理建设衔接不好，当部门情况出现变化时，管理执行无法与之相适应，这就使得高校在实践教学管理信息化建设中处于被动反应地位，信息化管理应用的作用被削弱，极大地阻碍实践教学管理工作的进一步发展。

信息化建设的经费投入不足。实践教学管理信息化建设是一项系统化的工程，主要包含管理系统、信息资源软件建设及计算机硬件基础设施建设等内容。高校要想实现实践教学管理转型，向信息化管理方向推进，必须投入相应的资金作为经费保障。然而，由于现阶段国内高校自身所需的科研、教育等经费投入较大，办学经费一直处于紧张状态，难以在信息建设方面投入较大的经费，这使得计算机硬件和软件建设都不太符合实践教学管理实际需要，实践教学管理信息化建设水平停滞不前。

管理人员信息素养跟不上信息技术的发展步伐。作为一门实时性和操作性很强的工作，实践教学管理信息化建设工作的特性决定了相关职能人员必须具备较高的综合信息素养。然而，部分高校实践教学管理人员安于现状，没有对当下的信息化管理知识进行有效的补充，他们的业务操作能力也在安逸的日子中逐步落后于社会，与时代脱轨。在实践教学管理人员队伍中，既能熟练使用信息化技术，又具有一定管理水平的人员并不多。在日常的实践教学管理工作中，管理人员仍然在大量使用电话、电子邮件等传统的信息传递方式，致使网络技术和智能技术不能在实际工作中得到普遍应用，从而引发管理人员工作能力衰弱的现象。

四、新时代高校实践教学管理信息化模式创新的策略

转变思想，树立现代化实践教学管理理念。实践教学管理信息化过程不仅是对原有管理思想、管理观念的转变，同时也是以信息化理念对实践教学管理过程进行系统化分析、设计以及决策的过程。在信息化技术高速发展的新时代背景下，高校应脱离传统实践教学管理理念的禁锢，树立一种全新的、符合信息化思想的良性管理理念，并用新的

信息化理念进行信息分析，从而实现信息化技术在实践教学管理工作中的有效使用。在此过程中，负责学校实践教学管理工作的职能部门和有关人员，应立足于学校发展实际，从学校的办学特色出发，对原有的管理规划进行调整和完善，以探索出一套符合学校实际和学生发展的管理新模式，促进实践教学管理信息化建设发展，为学校教学管理工作改革和发展带来更广阔的前景，从而更好地为学校教育教学提供优质服务，更好地为国家培养创新型、实践型人才。

加大经费投入，更新实践教学管理信息化的硬件配套设施。相比于国外的教育管理信息化建设来说，我国高校尚存在明显的差距，这就要求我国高校在推行实践教学管理信息化建设时，积极借鉴成功的教育管理信息化经验，采取国家、地方和学校结合的多渠道筹资体制。首先，政府要把高校教育管理信息化建设工作纳入发展规划中来，鼓励和支持社会企业参与到信息化建设中，引进技术和资金，更新高校落后的教学管理硬件配套设施，建设性能优异的网络化技术设备，实现实践教学管理与互联网的连接，以满足信息化管理的需要，促进实践教学管理信息化建设的良性发展。此外，高校自身还要建立与完善有利于推进实践教学管理信息化建设发展的相关政策，让相关职能部门在开展工作时有法可依，有章可循，从而进一步实现教学管理工作的科学化和现代化。

组织懂业务、懂技术的专门人才，开发高效、安全、适用的优质软件。信息技术支撑下的实践教学管理活动，必须依附优质的管理软件，只有这样，才能稳步推进教学管理信息化建设。高校各级主管部门应积极调动广大技术人员的工作热情和积极性，自主研发、引进、吸收、消化、推广、应用新技术，围绕实践教学管理的实质，研发高质量、适用的管理软件，实现实践教学管理信息化建设工作的应用共享。从我国高校目前的实际情况来看，最好由高校教育主管部门牵头，组织既懂技术又懂管理的复合型人才来开发。与此同时，研发人员在开发中还应采取相应的规范标准，充分考虑到学校的实际情况及上下级部门的要求，实现数据的完全共享。而且，管理软件要突出开放性、交互性和安全性，并能支持广域网络办公模式，减少管理上的人力手工劳动，真正实现学校、实践教学、学生三大方面的自动化以及交互式管理。

加强教学管理队伍建设，提高管理人员的信息素养和信息管理能力。高校要高度重视信息化技术对实践教学管理工作者带来的影响，加大师资建设培训力度，以提高他们的信息素养和信息管理能力。一方面，高校要重视实践教学管理人才队伍建设，建立相应的人才培育机制，为信息化管理能力的提升提供相应的学习平台和培训机会，逐步强化实践教学管理队伍的管理能力和信息素养。同时，培养实践教学管理队伍的职业精神，通过强化思想教育，增强时代认识，使管理人员能够结合时代发展潮流和高校实际，从自身所负责的岗位性质及实际情况出发，创造性地开展工作，不断地提升信息化管理水平，培养自我创新意识和能力。实践教学管理人员自身也要通过不断学习和实践，掌握现代化的信息化管理技能，熟练地利用计算机进行电子文档、表格处理和数据库管理等，以确保实践教学管理信息化建设工作能顺利开展下去。

将信息化管理与传统管理方式整合，实现两种管理模式互补。传统的人工管理模式和信息化管理模式各有各的价值功能，两者之间相互影响，相互促进。无论信息化实践管理模式如何发展，都不可能无限度地扩展，并取代人工管理模式在高校实践教学管理工作中的地位。这是由于信息化实践管理模式必须人性化，尤其是体现对学生的关怀，这种产生于人与人之间的感情效果，是信息化技术所无法比拟和替代的。可见，发挥信息化实践管理模式的实质功能，为高校服务，必须实现信息化管理与传统管理模式的整合，形成内外合力，优势互补，以达到更好的管理效果。

信息经济时代的到来，不仅给高校实践教学管理工作提供了全新的平台，同时还为其拉开新的篇章。新形势下，高校实践教学管理工作面临新的挑战，高校领导人和负责实践教学管理工作的职能部门和人员，必须更新自身知识，明确管理发展方向，加大对实践教学管理信息化建设的研究力度，充分发挥信息化技术的作用，紧握时代脉搏，全面提升实践教学管理质量。

第五节 高校实验室管理及教学模式

在高校教学体系中，高校实验室发挥着重要作用，是高校科学研究和实验教学的主要场所，实验教学是培养学生创新思维能力和提高动手能力的重要教学方式。不少高校把实验教学作为一种辅助性教学，实验教学内容和计划的安排不够合理，流于形式；缺乏专业人员的科学管理，导致高校实验教学资源浪费现象严重，不仅影响人才培养，还阻碍了高校发展。本节主要分析高校实验室管理的重要性以及目前高校实验室管理及教学存在的问题，针对性地提出具体措施。

一、高校实验室管理的重要性

在高校中，实验室是推动科技发展、开展科学研究和实验教学的重要场所，更是高校科学研究的重要内容，实验室管理水平将直接影响到高校人员培养的质量。所以，当下必须要高度重视实验室管理工作。

高校的科研水平和教学水平将直接影响高校办学水平。从教学方面看，高校必须要注重对学生的实践能力的培养，由于学生在课堂上所获得的理论知识是书本上系统的知识结构，只有通过实践活动才能把这种知识转化为自身的素质结构和知识结构。从科研上看，教师的科研成果决定一个高校的科研水平。随着科学技术不断进步，并在一定程度上推动社会经济的发展，对技术人员需求量不断增大，同时也对高校人才的实践能力提出了更高的要求。因此，高校在实验管理和教学过程中，必须要对人才培养计划不断进行创新和完善，以满足社会需求。

二、高校实验室管理及教学中存在的问题

实验室管理人员整体素质偏低。在高校中，相对于其他教师职务来说，实验室管理人员的福利待遇整体性偏低，那么在这种情况下，高校实验室就很难留住高素质人才，即使是毕业生也不愿意从事实验室工作。那么实验室专职教师就很难做到全身心投入，即使是从事实验室工作，也是希望在后期能够调到其他部门工作，从而实现提高福利待遇的目的，那么就很容易导致实验室管理水平偏低。另外，实验室管理人员不仅无法参加教学类工作和科学工作，且很少有机会与其他老师之间进行更好的沟通与交流，所以，实验室管理人员很少有机会来提升自己。如果实验室管理人员的素质得不到有效提高，那么实验室管理工作水平就很难提升，更不能为培养高素质人才提供支撑。

资金配置不合理，部分设备已经老化。随着科学技术的进步与发展，国家更加重视高校的科学研究，对高校实验室建设提供了一定的资金支持。但是，资金配置不合理，且大部分已经老化的实验设备未能得到及时更新。实验设备对于教学来说特别重要，部分重要实验设备缺失将导致专业性教学工作很难顺利进行。随着教育事业的改革不断实施，对教育事业的资金投入也在不断增加。但是，对于实验室建设与管理方向的资金却在不断减少，其主要原因就是资金配置不合理，出现被其他经费占用的现象。另外，即使高校调整资金配置，并增加实验室设备购买资金，但是学生在不断增加，科研工作也在不断发展，实验室的设备数量和规模也很难满足目前的发展需求。在这种情况下，只能依靠国家教育部的资金支持，但是毕竟资金有限很难满足当下的需求。

教学方式比较传统。目前大多数高校实验室教学仍使用传统的教学模式，不仅教学思想比较陈旧，且教学形式比较单一。现代化实验教学更加注重学生学习能力的培养，通过实验教学把学生所学习的知识与实验相互结合起来，在实验中让学生学习思考，通过理论去探究实验真理。而传统教学模式只是为了实验教学而教学，很难满足当下的实际需求。

实验室管理制度不规范。高校实验室管理工作应该以制度作为基础，实施整齐划一的管理标准和规范条例，建立开放式现代化实验室管理工作规范的同时，还要以严谨的制度作为约束，实现开放性和约束性的统一，合理进行教学资源分配，为人才培养奠定基础。实验室资源需要进行统一的制度化管理，才能满足高校教育管理工作需求。但是，在现阶段的高校实验室管理工作中，我们发现实验室管理制度不完善，没有起到制约和规范管理的作用，实验课程之间缺乏专业划分，资源配置不够集中，不利于形成开放交流学习的格局，在很大程度上制约了实验室作用发挥。在实验室仪器设备管理上也存在多方管理责任主体的现象，出现问题无法准确问责，现有的制度已经显现出滞后性，无法在高校实验室管理工作中发挥应有的作用。

三、加强高校实验室管理及教学模式的措施

提高实验室管理团队和教学的整体素质。实验室管理和建设的重要内容就是不断加强

实验室团队建设，全面提高实验室教学人员的整体素质，这样才能有效地保证实验室科学高效运转，充分发挥实验室的效益。我国大多数高校实验室管理人员并非专业科班出身，尤其是实验员对实验技术和实验操作管理了解甚少，影响实验教学工作的顺利进行，导致实验教学质量很难提升。所以，需要从三个方面进行：首先，要引进专业的高等学历专业人员，比如能力较强的硕士和博士，从而全面提高实验室工作的整体水平；其次，对实验室管理人员进行培训和教育，通过激励制度的方式鼓励实验室管理人员主动学习，不断地提高学历层次和知识结构，提高管理水平；最后，对实验室人员和教师定岗定编，明确岗位的职责和任务，防止岗位出现工作脱节。此外，还需要从待遇和制度方面稳定实验室团队的发展。

加强对实验器材的管理。实验器材是实验工作的基础，所以必须要加强对其的管理。建立实验教学平台，并由专业人员对其进行有效的管理，从而实现对实验器材的有效管理，特别是大型的精密仪器，这样才能逐步提升实验器材的利用率。实验室管理平台需要根据实验课程进行合理的安排，从而实现统一管理的目的。对于精密度高和先进的实验器材必须要由专业人员对其进行有效管理，制定仪器设备保养和维护计划，以确保仪器设备能够正常使用。

构建实验室优质网络服务平台。在实验室管理过程中，传统的管理模式已经不能满足专业化和精密化仪器设备的需求，需要打造高效的实验室软件管理模式，从而实现网络化和精细化管理，根据实验仪器设备和物品建立网络化管理平台，实现信息网络化的动态管理。此外，还需要能准确地掌握每个实验仪器设备的使用情况，以及实验仪器设备的使用范围，这样能够在网络平台上全面掌握仪器设备的所有信息，包括放置的具体时间和使用情况。另外，还需要能实现预定实验工作需要的实验材料和仪器设备，掌握整个学校的实验室运行情况等。此外，还可以在网络服务平台上建立网络服务信息系统，实现网上答疑和在线沟通交流，这样才能有效地提高实验器材的有效管理和实验教学质量。

创新实验教学模式。实验教学开展的目的就是有效地拓展和补充理论课教学，所以，高校教师必须要认识到实验教学的重要性。在传统实验教学过程中，教师占据主导地位，注重实验演示，却往往忽视了学生的创新实验和操作实验，基本情况下都是根据老师的指导进行实验操作，这种教学模式不仅会影响到学生实验能力的提升，还会影响到学生创新性实验能力的提升。所以，当下必须要改变实验教学模式。高校的实验教学必须要围绕学生的创新能力发展，适当对学生开展综合性实验模式和设计性实验模式。创新实验教学模式不仅是满足社会对人才的需求，更是提升学生创新能力的需求。在实验教学过程中，通过实验能够准确地发现学生的不足和遇到的各种问题，然后对其进行全面的研究，并结合实验学科和实验教学方式，设计出一种全新的实验模式，并引导学生进行设计实验和综合实验，从而不断地提升学生的创新能力和实践能力。

实施双师制实验教学模式。一般情况下，在实验教学过程中，学生人数较多，应将其分为相应的实验小组，在实验过程中如果仅仅依靠实验教师一个人完成实验教学，那么实验教师很难顾及到全班学生，这种情况下可实施双师制实验教学模式，即由实验教师和理论教师共同开展实验教学的一种教学模式。这种模式下，通过两个教师对学生进行有效的指导，可以准确、及时地发现学生在实验操作过程中遇到的问题和不足之处，然后对其进行有效的更正和解答，同时还能实现对学生的有效监督，确保学生可以顺利完成实验，并提高学生的积极性，从而不断地提高实验教学效率和质量。

开展科研对接工作。实验教学的目的就是让学生更好地理解理论和实践，实验教学不仅可以提高学生的专业实践能力，还能将枯燥乏味的理论转变为生动有趣的知识，从而提高学生的积极性和主动性。在高校实验教学中，一定要为学生营造更多的实践机会，通过与企业合作的方式，为学生提供更多的实习机会，并检验学生的学习状况。此外，高校应该积极与企业开展科研项目，这样高校不仅可以获取相应的实验基金，还能更好地发展实验室，既满足了提升学生实践能力的需求，又能促进实验室教学更好的发展。

随着社会进步和发展，高校实验管理及教学模式必须要不断地进行改革创新，提高实验教学质量和学生的实践能力、创新能力。在高校实验教学中，高校领导必须要认识到实验教学的重要性以及目前实验室管理过程中存在的问题，采取针对性措施对实验室进行有效的管理，建立实验室网络服务平台，创新实验教学模式，实施双师制实验教学模式，并与企业之间积极开展科研对接工作，帮助高校实验室发展获取更多的资金，有效地提升学生的实践能力。所以，高校实验室管理及教学必须要全面改革，并以学生为中心，为社会培养更多的创新性人才，推动高校教育事业的发展。

第六节　高校导师制与学长制教育管理模式

导师制和学长制已经在国内很多高校实施，看似不相干的两种教育模式实际上却有着密切的联系。本节认为导师在学长的确立过程中起到了决定性作用；导师制为学长制的实施提供了智力支持；学长制是导师制的延续；导师制和学长制在高校教学管理和思想政治教育工作中相辅相成。

一、学长制管理模式的实施办法

制订完善的学长制管理条例。学长制作为探索性与辅助性的学生管理机制，制度的约束与保障是工作有效推行的前提和保证。应根据学生工作体系的特点，从学长的选拔、管理、考核、评定、推广等各个方面制定严格的管理制度，确保学长的质量和数量，并从学长制工作的职责、任务、选拔聘任办法、培训机制、监督和管理机制、考核和奖惩机制等各方面作出严格的规定，在实践中严格执行并不断完善。

完善学长的选拔与聘任机制。学长实行院系内的聘任制，任聘期为两个学期，聘任对象为政治觉悟高、专业基础扎实、有一定工作经验和口头表达能力的高年级学生。具体程序可如下操作：每学年结束前一个月内，全院系根据专业情况公开招聘学长；高年级学生提交申请表并附班级意见；院系学生工作领导小组对申报的学生进行公开答辩；以宿舍为单位，每间宿舍选聘学长 1~2 人；确定候选人并张榜公布以征求意见；给确定的学长颁发聘书，以示荣誉和责任。

建立健全学长的培训机制。由于学长制工作涉及生活、学习、心理等方方面面的内容，被选上的学长必须参加相应的培训，使他们端正观念，树立信心，积极地去承担和完成这一任务，并明确自身的任务和职责。学长培训应采用全方位、分层次的方法，学校层面上，学生工作处（部）、教务处、团委、心理健康中心等职能部门应共同举办学长培训班，对学长进行相关培训；学院系层面上，应结合自身的特点，根据本学院系的工作具体安排和要求，对学长辅导员们做进一步的培训，让他们充分了解学校、学院的各项制度，以及在工作中涉及的内容、方法、态度等，以确保每位学长都能为新生提供正面、科学的引导和帮助。

学长工作的考核与奖惩。学长作为学生自我教育、自我管理、自我服务的重要载体，不仅有相应的职责和任务，也必须有相应的待遇和奖惩，这就需要定期考核。考核工作应由学院系完成，每月召开学长例会，了解学长工作情况，每学期对学长的工作进行考核，可由个人申报，学院推荐，学生工作处（部）考核，其中包括自我评价、学生投票、辅导员班主任评议、学院意见等指标，考核等级可分为优秀、良好、合格、不合格等。可根据学长的工作业绩评选出"十佳学长"给予嘉奖，并根据学长考核等级评定参与相关的评优评奖、推优入党等工作。对责任心差、不能完成工作或违反学长管理条例的学长，由院系学生工作小组讨论并提出批评教育；对定期不整改的学长，实行解聘。

二、导师制为学长制的实施提供了智力支持

学长是指从高年级中选拔出来的优秀学生，其任务是对低年级的学生在学习、生活和思想方面进行指导。要想让学长制最大限度地发挥作用，必备的前提是学长在校园生活的各个方面都有丰富的经验和积极向上的态度。那么学长的这种经验积累和自我素质提高有赖于导师的悉心指导，因此，导师制为学长的实施提供了智力支持。

三、学长制是导师制的延续

因为导师制是个双向选择的过程，所以，导师和学生都需要通过一段时间对彼此进行必要的了解，然后进行选择。因此，我们可以这样理解，导师指导的学生通常都是相对较高年级的学生，而非刚刚入学的新生。而学长制中的学长也正是从高年级的优秀学生中筛选出来的，他们一边接受导师对自己在生活和学习方面的指导，一边以"小导师"的身份帮助低年级学生。如果导师制和学长制在同一所高校实施，就可以理解为导师间接地指导低年级学生，从这个角度来说，学长制是导师制的延续。

四、学长制与导师制的效果

通过实施导师制，使学生明确学习目的，形成良好的学习氛围，营造积极向上、互帮互助的学习风气。在关注大学生学习和心理健康这两方面，导师主要是沟通和教育两方面的作用，这种引导性的作用往往是间接的；而学长在这两方面起到的作用则是直接的，他们可以用自身的经验和体会更好地对学弟学妹们进行体验式的教育。因此，在高校教学管理和思想政治教育工作中，导师制和学长制是双管齐下、相辅相成的，共同承担着这份重任。

第七节　高校两级教学管理模式

社会的进步与经济的增长有效推动了我国教育事业的发展，使得高校在不断地改革。作为高校改革中的重要组成部分，两级教学管理模式将会直接影响到整个高校的运行。本节以高校两级教学管理模式为研究对象，通过对高校两级教学管理模式重要性的简单概述，对高校两级教学管理模式中存在的问题及改善对策展开深入探索。

在我国教育事业发展的过程中，在很早阶段就对两级教学管理模式进行了应用。通过长时间经验的积累，已经使该管理模式较为完善，为高校的发展提供了一定帮助。然而深入研究后可知，当前我国高校两级教学管理模式中依然存在一些问题，在一定程度上影响了高校的进一步发展。因此，对高校两级教学管理模式进行研究具有重要的实践意义，同时也将为推动我国高校更好发展打下良好基础。

一、高校两级教学管理模式的重要性

（一）优化高校内部管理体制改革效果

作为高校运营当中的重要组成部分，内部管理体制指的是管理制度、机构设置等多个内容的统称，其往往涉及高校运行当中的各项活动。从理想的角度来说，确保管理体制满足我国当前教育行业的要求，在推动高校向着社会化方向发展的前提下，充分调动高校内师生的能动性。此外，加强提升高校的生产力，科学合理地使用各项资源，使资源在实际当中体现出最大的价值。但从实际的角度来说，高校内部管理体制往往很难达到这一状态，不利于高校的发展。而对两级教学管理应用而言，不仅可以优化高校的人事制度，同时还会科学地改革管理制度等内容，从而使高校内部管理工作得到更好开展，优化内部管理体制改革效果。

（二）符合高等教育大众化的需求

社会的发展与经济的增长有效提升了人们的生活质量，使得越来越多的人员进入到高校当中进行学习，从而推动我国高等教育向着大众化的方向发展。在这一背景下，高校教学管理的任务量迅猛增长，依然采用以往的管理模式进行管理，往往会引发诸多问题的出现，无法满足各高校的发展要求。若高校职能部门将过多的时间放置到该管理当中，则将会减少教学工作的研究，从而对教学质量带来一定的负面影响。而采用两级教学管理模式，职能部门会将一部分权力分给其他人员，通过其他人员完成管理工作，从而减少了管理工作中投入的时间，把更多的精力投入到学习研究上，从而为高校的发展提供充足的推动力。

（三）转变高校教学理念

随着我国经济体制的改变，使得高校成为特别的企业，可以将教育看作为一种服务产品，所服务的目标为高校内的学生。而在以往阶段中，大多数高校都采用强制性的管理方式，这种方式虽然能够起到一定的作用，但无法满足人性化管理的要求，导致该管理方式受到一定的限制。而采用两级教学管理模式后，将会对强制性的管理方式带来影响，使其逐渐向服务性的方向发展，即以学生为中心，根据学生对教学的要求开展各项管理工作，从而为培养更多优质的人才提供重要帮助。

二、高校两级教学管理模式中存在的问题

（一）责权划分不明确

高校对两级教学管理模式进行应用时，将其分为了两个组成部分，分别为学校与学院，利用两部分完成整个高校的教学管理工作。但深入研究后发现，在一些高校两级教学管理模式当中，由于高校缺乏对两级教学管理模式准确的了解，以传统的管理模式为基础，不断对其进行扩充，只是为了更好地处理当前任务量较大的管理工作而进行了调整，即责权下放。这种情况下，未能明确对责权进行划分，导致管理工作中仍然具有一定的集中性，不利于高校整个管理工作的发展。

（二）缺少健全的规章制度

作为高校运行当中的重要组成部分，规章制度会直接关系到教学管理工作的开展，从而影响高校的发展。通过对当前一些高校两级教学管理模式研究发现，很多高校未制定出健全的规章制度。受到这一因素的影响，高校开展教学管理工作时，无法对教师提供有效的激励与约束，使教师在实际工作当中无法按照相关的规定开展管理工作，导致管理工作常常出现各种各样的问题，影响高校整个教学质量，从而使两级教学管理模式无法发挥出最大的作用，并在一定程度上干扰高校的发展。

（三）教学管理队伍的综合素质较低

高校采用两级教学管理模式后，将会对教学管理人员提出更高的要求，只有满足当前的要求，才会将该模式有效地落实到实际当中。但在实际当中，由于高校未对这一内容产生重视，导致教学管理队伍出现了综合素质较低的问题。首先，在现有的教学管理人员当中，很多人员仍然采用传统的管理方法，而未能掌握先进的管理方式，导致管理

工作体现出滞后性，不符合当前高校快速发展的要求。其次，综合素质较低。高校作为人才培养的主要场所，对教学活动具有较高的重视程度，而往往忽略了教学管理工作，一些管理人员产生了错误的认识，认为管理工作可有可无，不会影响到高校的发展。受到这一因素的影响，使管理人员不能正确地面对管理工作，导致工作当中常常出现各种问题，进而影响整个高校的运营。

三、高校两级教学管理模式的改善对策

（一）合理地设置职责与权力

为了使高校更好地对两级教育管理模式进行应用，必须要合理地设置职责与权力。对于学校层面来说，应采用长远发展的目光，从整体的角度出发，对高校的运营进行管理。其中主要包括以下几个方面的责权：针对高校当前的发展情况，编制出整体的发展规划；开展教育经费研讨会，制定出各院系的经费分配情况；高校内基础设施的建设；对各院系教学活动的监管，确保教学活动符合相关要求；对院系的运营进行引导，确保院校向着更好的方向发展等。对于学院来说，主要的责任为基础管理工作，其主要包括以下几个方面：针对院系的实际情况，合理安排教学活动；针对各专业、课程教学的要求，编制与筛选教学课程；根据院系的发展情况，科学地对教学经费进行应用；开展学生考核与档案管理工作等。

（二）建立健全的规章制度

为了确保高校两级教学管理模式能够有效地落实到实际当中，应加强对该模式的约束，必须要建立健全的规章制度。首先，可以对现有的规章制度进行研究，分析其中优秀与存在缺陷的内容。对于优秀的内容来说，可以继续进行应用；而对于存在缺陷的内容来说，则要不断地对其进行完善。其次，通过对国外知名高校两级教育管理规章制度的学习与借鉴，并结合我国社会主义发展情况，编制出符合我国国情的规章制度，通过该制度的约束，使得两级教育管理模式有效地落实到实际当中。此外，规章制度建立出之后，还应严格执行，只有这样才会充分体现出最大的价值。

（三）打造高素质教学管理队伍

为了使两级教学管理更好地落实到实际当中，应打造一支高素质的教学管理人才队伍。首先，加强对人员的培养力度。引进先进的管理理念与方式，并将其传递给每一个管理人员，从而不断地增强管理人员的工作能力。其次，加强对优秀人才的引进。通过对人才的引进，不断扩充现有的管理人员队伍，并将先进理念与经验带给高校。最后，制定科学的奖惩制度。通过奖惩制度对管理人员进行约束与激励，使其建立健康的价值观与责任观，从而更好地面对自己的本职工作。

高校在对两级教学管理模式应用的过程中，仍然存在着诸多的问题，受到这些问题的影响，高校的发展受到一定的阻碍。因此，高校在对两级教学管理模式进行应用时，应合理设置职责与权力，建立健全的规章制度，同时打造高素质教学管理队伍。

第八节　高校继续教育管理模式

创新是一个民族进步的灵魂，是推动历史进步的不竭动力。在当前经济迅猛发展的背景下，继续教育成为一种重要的学习方式，受到社会广泛的关注和重视。它是提高全社会创新能力和整体素质的重要途径。加强继续教育工作，积极推进高校继续教育工作创新，建立和完善高校继续教育长效机制，建设一支素质优良、结构合理、相对稳定的继续教育管理队伍，对于推动当地经济社会又快又好发展，具有极其重要的战略意义。

随着社会的不断进步和发展，信息时代和知识经济时代的到来，科学技术突飞猛进，社会发展日新月异，新兴行业不断地涌现，人们必须不断地加强学习，提升能力素质，适应社会需求，使得继续教育逐渐得到人们的认可。继续教育是我国教育事业的一个重要组成部分。新形势下，经济社会对继续教育提出了更高的要求，让高校继续教育面临新的挑战和机遇。所以，继续教育学院应积极构建科学合理的教育管理模式，从教育管理实际出发，不断改革创新，完善教育管理体制，提高教学质量和管理水平，搞好新形势下的继续教育教学管理工作，这对做好我国教育工作、促进社会发展起着至关重要的作用。

一、继续教育管理工作在高校运行的现有成果

高校资源的合理运用。高等学校作为开展继续教育工作的一个重要基地，既有丰富的图书资源和科学实验条件，又有理论知识雄厚和教学经验丰富的师资队伍，应充分利用学院现有资源，合理配置，保证继续教育工作的顺利开展。

高校构建了继续教育管理模式。随着高校继续教育的不断扩大，学院各系部共同构成完善了教育管理模式。很多高校根据学校教育模式和培养目标，建立了科学规范的教育管理体制，推动了继续教育教学管理工作的开展。此外，高校也不断地和各系部沟通，根据专业培养方案，结合继续教育教学特点，优化改进教育管理模式。

高校对继续教育高度重视。随着继续教育培训人数的大幅度上升，高校开始适应继续教育工作的重心转移，各类继续教育工作得到高校的重视，开始组建继续教育管理团队，构建继续教育师资队伍。根据社会发展的需求，各高校也制订了具体的培训计划，已经成为持续开展继续教育工作的重要基地。

二、新形势下高校继续教育管理模式现状分析

国家已经把继续教育放在重要教学战略的高度来开展，但很多高校对继续教育的认识还不够，没有认识到高校是开展继续教育的重要基地，没有把继续教育真正纳入学校发展规划中，仅仅开设一些规模与影响小的继续教育，没有发挥其应有的作用，也没有

指定相关的教学管理办法，使继续教育无章可循，阻碍了它的持续发展。

继续教育的任务，就是培养适应社会发展需要的人才，提升被教育者的综合能力素质。但很多办学单位对教学管理质量的认识不够，部分学校对教学质量的认识淡薄，对继续教育的教学和管理不重视。再加上继续教育的办学理念、质量与普通高等教育无法相比，严重影响了继续教育教学管理的质量和声誉。

教学管理模式单一，缺乏自身特色。继续教育主要为社会培养复合型人才，侧重于实用性和专业性人才的培养，无论是学生背景、培养方向，还是培养方案，都应有自己的模式。但是，很多继续教育办学机构仍对继续教育管理缺乏创新，没有重视继续教育与普通高等教育教学模式的差异，无论是培养目标、专业设置、课程计划，还是教材和教学方法，完全按照统招教育进行设置，并未针对继续教育进行设置，这直接关系到是否能有效地实现培养目标。继续教育的需求是不断变化的，它的规划必须随着市场需求和技术的进步而进行调整，如果不能适应变化，就不能保证继续教育的良好发展。所以，务必建立一套适合继续教育的培养计划和教学课程教学管理模式，才能充分保证继续教育的教育质量。

教学管理队伍不稳定。社会对教育的需求越来越高，对继续教育产品，尤其是培训项目的要求越来越多，要求培训具有更好的针对性和实用性，这给继续教育管理队伍提出了更高的要求。目前，各高校继续教育管理工作仍局限在常规的教学计划和教学实施方面，缺乏开拓市场、制定合理培训方案和对教学质量的监控与管理能力，而且当前的继续教育管理队伍不能满足继续教育的发展需要。教师是学校的重要组成部分，是保证教学质量的要素之一。目前，继续教育管理队伍不稳定，没有稳定的教学和管理队伍支持继续教育工作，部分教师对继续教育管理知识了解甚少，缺乏系统的管理知识的学习。还有就是部分授课教师完全是聘用高校兼职教师进行教学管理，所有的教学任务，主要包括课程设置、教学任务、毕业设计等，都由统招授课教师兼职，这就使继续教育教学管理队伍更加不稳定，成为阻碍继续教育发展的阻碍。

继续教育教学内容难以适应社会需求。随着学习型社会的逐步发展，社会对人才的培养有着与时俱进的要求，知识更新速度越来越快，高校继续教育常有的教育方式已不能适应社会需求，不能及时更新前沿培训内容。目前，很多高校没有根据社会需求制定实用性和具有前瞻性的培养方案和相关课程，没有严谨的教育教学管理制度对教学工作进行监管和优化，没有随着信息化的普及考虑新的教育模式开展高校继续教育工作。各高校也没能充分发挥专业特色和前沿专业优势，实现继续教育工作。

三、新形势下高校继续教育管理模式创新策略

（一）提高认识，重视继续教育工作

继续教育是面向学校教育之后的所有社会成员特别是成人的教育活动，是终身学习体系的重要组成部分。它的发展直接影响着我国教育的改革和发展，因此，高校在发展

和完善继续教育的过程中扮演着重要的角色。高校需要充分认识到继续教育持续发展的重要性，真正把继续教育作为高校的重要任务，纳入学校发展规划，明确发展目标，制定规章制度。职能部门要统一认识，成为继续教育发展的阵地。继续教育已经成为促进我国社会经济发展的一个重要途径，各高校必须充分地利用自身的教学优势，积极开展继续教育工作，这是社会发展的需求。

（二）创新教学管理模式，适应继续教育市场

制定具体的继续教育教学培养方案。随着社会市场经济的发展和新形势下社会技术人才的需求，继续教育必须随着市场和企业单位的进步而变化，制订培养计划。

继续教育要有好的成果，必须创新教学管理体制，在教学管理体制和考核上区别于学历教育，根据继续教育实际情况，分析并研究具体的教学管理体制，设计出针对继续教育的培养目标、培养计划、课程计划和教学方法。开拓更多的学习方式，适应信息化的发展，融入在线学习等学习方式，促进继续教育教学以多元化的方式发展。

加强校企合作，引进"双师型"师资。在继续教育培训方案中，加强校企合作方式，培养企业需要的人才，保证继续教育就业问题，使继续教育走进市场，以促进就业的方式管理继续教育工作，可能会取得更好的效果。新形势下，有效的校企合作是培养实用性人才和服务经济建设的重要途径，是继续教育模式的新探索，需要高校强化创新服务意识和合作模式。同时，要引进"双师型"师资，充实师资队伍，增强学校与企业的互动交流。根据继续教育的发展规划，大力推进校企之间的合作，通过开展培训等，为有针对性地开展继续教育打下坚实的基础。

（三）加强管理队伍和师资队伍建设，保证继续教育的顺利实施

继续教育的办学理念、授课内容及方法都与统招学生的管理模式不同，所以，继续教育管理队伍必须了解继续教育的特点和教学方式，具有开拓市场和制定具体培训方案的能力，结合学校教育管理模式的特点和优势，制定具体的教学管理模式。

对于继续教育，要有稳定的师资队伍，教师要对继续教育有深入的了解，并结合社会需求和学生自身学习背景，安排具体合理的培训方案，保证教学效果，保证专业知识和实践操作相结合。结合具体课程，因材施教，总结出更适合继续教育的教学方法。同时，引进"双师型"师资，提高教学质量，优化并改善继续教育的教师结构。

（四）优化继续教育教学内容管理工作

全面分析、设计继续教育教学内容。按照社会经济发展的需求，以增强人才能力素质和技能水平为培养目标，优化继续教育课程设置，结合实际，突出特色，保证教学内容的实用性、针对性和前瞻性。继续教育的市场很广泛，高校要以教育资源为基础，立足于自身专业，贴近企业发展需求，开展新项目，构建科学的培训项目体系和课程内容。高校开展的继续教育培训项目和内容，务必通过学科专家、企业部门专家及管理部门的工作研究，制订具体的培养计划和培训内容，考虑培训规模和效果，突出继续教育的特

色和水平。

建立教学监督组监管教学工作。组织理论水平高的教授和实际教学管理专家组成教学监督组，及时对教学管理工作进行监管和反馈，对不足和存在的问题提出合理化的建议和改进方案，逐步形成科学合理的继续教育教学管理制度。

开展网络化教学模式。传统的继续教育模式以班级集中授课为主，受训人员无法获得个性化和实用性的知识与技能，借助互联网构建的教学和学习平台，可以实现继续教育网络化。新形势下，信息化和网络化教育成为新的教学管理趋势，将继续教育教学与网络教育有机结合，可使继续教育教学手段更为多样化发展。网络教育不受时间和地点的限制，与继续教育相结合，可以有效地实现优势互补，促进学生学习知识能力的提升，为学习者提供符合个人需求的教育内容，适应新形势的发展需要。

随着社会经济的飞速发展及知识和技术进步的加速，构建继续教育体系已成为我国教育发展的重要目标。在新的形势下，高校继续教育工作应适应变化，主动创新教学管理模式，适应市场需求，以保证继续教育的持续发展。

第九节　高校学生参与教学管理模式

学生参与教学管理是一种以学生为主体的教学管理模式，这种教学管理模式能更好地培养和发挥学生的主动性、能动性，是连接"学"与"教"的重要纽带，同时也是高校"以生为本"教学理念的充分体现。学生参与教学管理模式的构建对于促进高校"教""学""管"的完美结合，促进高校教学水平和人才培养质量的提升具有重要的意义。

一、学生参与教学管理的必要性分析

（一）促进高校管理科学化

在传统的高校管理模式中，学生通常处于弱势地位，受高校、教师的管理，正当权益得不到保障。学生参与教学管理是以学生的利益为出发点，通过完善的规章制度来保障学生的基本权益，通过学生参与教学管理增加学生和老师、学生和学校之间的沟通和交流，实现高校内部均衡，进而使高校的教学管理更加的民主和科学，管理水平也取得进一步提高。

（二）最大限度地满足学生需要

在中国几千年的教育观念里，教师始终是整个教学活动的主体，学生是受体。这与现阶段学生的需求严重不符，现在的大学生有强烈的主体意识和维权意识，能主动接受新事物，积极探讨新事物。因此，各高校以学生的利益诉求为出发点，逐步适应和理解学生角色的变化，鼓励学生作为教学活动的主体积极参与到教学管理事务中来，为学生提供一条满足其需求的最佳途径。

（三）维护学生权益的根本保证

高校学生知识储备完整，心智基本成熟，有自己的思维和想法，参与意识强烈，尤其是在一些和自己切身利益相关的事务中，大多数学生都期望能以主人翁的身份参与到学校各项事务的管理中来。要保障学生的这一期望，就需要建立完善的学生参与教学管理的制度，明确学生的权利和义务，充分调动学生的积极性和创造性，保障学生群体的权益。

二、学生参与教学管理存在的问题

（一）缺少明确的参与程序和机制

具体参与机制缺乏，程序不清晰是学生参与教学管理的主要问题。这导致学生在参与教学管理的过程中有从众心理，缺乏主见，不能明确表达自己的诉求，且参与的结果可能也达不到自己的心理期望。学校和学生因收不到实质的效果，使得整个参与过程流于形式，缺乏组织，目的和秩序都得不到保证。

（二）学生参与教学管理的层次不够

制定人才培养方案→教学运行过程管理→人才培养质量的评估是高校人才培养的主要阶段。目前大多数高校学生参与教学管理主要集中在教学运行过程管理，尤其是课堂教学方面，对于人才培养方案的制定层面很少涉及。对教学质量的评估基本是采取学生评教的方式进行，在拓展学生参与的主动性、自觉性方面严重不足，也未把毕业生、用人单位、学生家长对学校人才培养质量的意见和建议充分考虑进去。

（三）缺乏专门的组织机构

随着学生主体地位越来越突出，多数高校也为学生参与教学管理做了一定的努力。比如，学生可以通过开设校长信箱、校领导接待日等形式表达自己的意愿，教务处会通过选取学生代表的形式组成教学工作学生信息员，以期中教学检查为契机召开学生代表座谈会等方式听取学生意见和建议，但基本上都未设立比如本科教学工作学生咨询委员会等专门的机构，难以保障学生权益的真正实现。

（四）反馈机制的缺乏

由于反馈机制的缺乏，高校对于学生通过各种途径提出的意见和建议不能及时地反馈给各二级学院或相关部门，学生见不到时效，极大地挫伤了学生参与的积极性，最终导致学生参与热情不高、反馈渠道不畅、参与流于形式等问题的出现。

三、学生参与教学管理模式的构建

（一）总体框架

高等院校的人才培养及教学管理过程是一个系统工程，学生要通过参与人才培养方案的讨论、教学规范的汇编等工作参与到人才培养方案的制定中，通过对教师教学内容的了解、教学方法的选择等途径参与到教学过程的管理中，通过学生评教、教学信息反馈、毕业生素质反馈等途径参与到教学效果评估中，还可以通过毕业生的信息反馈参与到学校的人才培养规划中，知道学校进行人才需求分析、人才培养目标界定和人才培养规格定位，形成生产与整个教学环节的良性循环，使得学校的教学管理系统始终处于动态优化的过程之中。

（二）运行体系

建立专门的工作机构。德国亚琛工业大学最高机构是大学评议会。大学评议会由 13 名教授代表，4 名学生代表，4 名科学工作人员代表和 2 名非科学工作人员代表共同组成。可以借鉴国外的管理模式，建立由学校教务部门、教师代表和学生代表共同组成的专门机构，通过组织"与学校领导面对面，共同探讨修订本科人才培养方案"活动，收集学生对教学管理的意见和建议，负责办学定位、人才培养方案制定、教学规范汇编、教学效果监测、评价与反馈等教学管理模式实施的全过程。

毕业生信息反馈。在人才培养方案的规划和制定中，要充分考虑毕业生的意见和建议，听取毕业生关于人才培养方案规划、制定中应注意的问题，同时参考社会各行业、企业对专业人才的需求变动。学校在综合考虑以上因素的基础上对人才培养方案进行论证和修订。

参与教学运行管理。了解教学计划、参与教学决策是学生的一项基本权利。通过学生代表的形式让学生按照自己的兴趣爱好选择教师、所学课程以及学习进度，能加深学生对学校教学计划、重大教学决策的理解，便于与学校达成共识，从而进一步促进学习的积极性和主动性。

效果评价与反馈。学生根据教学计划的实施情况和完成情况，对教学的整个过程以及教学效果进行评价和分析，可以把学生的评教成绩作为大学教师提升职称的重要指标，并最终将总结的结果反馈给教学主管部门和人事部门，通过论证和提取，进一步应用到人才培养方案的调整和修订中去，形成相互优化的协同模式。

（三）保障机制

完善制度保障。将"以生为本"教学管理新模式需要完善的规章制度作为保障。主要包括学校教学管理规定、学生学籍管理制度、质量评价体系、教学督导管理制度、学生信息员管理制度、教学效果测评体系、教学效果反馈制度、学生申诉规定、学生违纪处分规定等。通过不断地完善学校的制度体系，使学生参与贯穿到教学管理的整个过程，保障参与途径的畅通，保障学生信息反馈机制的及时有效，从而保证良好的教学效果。

实施长效的激励机制。良好的机制能激发学生参与教学管理的积极性。首先，保证学生干部、部分学生代表参与教学管理，通过培训、交流、座谈等形式让他们明确自己的职责，了解自己要承担的责任，不断转变态度和认识，真正成为教学管理者中的一分子。其次，通过荣誉称号激发学生参与热情。可以设立"优秀教学管理参与人员""教学活动积极分子""优秀教学工作学生信息员"等荣誉，激发学生的参与热情。最后，利用新兴媒体激发学生的参与积极性。网络技术的发展为学生参与教学管理提供了更加方便的途径，学校可以考虑增加与学生积极沟通的平台，安排专人对学生的各种问题进行回复，加强与学生的交流和沟通。

　　总之，只有真正地认识到学生主体地位的重要性，并将学生参与贯穿到教学管理的整个过程，才能真正地践行"以生为本"的教学管理理念，才是高等院校长远、健康发展的必然选择。

第三章　现代教育教学管理创新研究

第一节　高校教学管理创新存在的问题

教学管理的创新问题已经成为各高校的共识，大家对创新的必要性进行了大量论述，并就如何创新提出了一些建设性意见。然而，在实际执行过程中，有许多问题阻碍着创新的进一步深入，使教学创新流于形式。解决问题的关键在于切实可行的对策，并一以贯之。

近年来，随着扩招和教育改革的不断深入，我国高等教育已经由精英教育逐渐转向大众教育，教学管理的内容和对象也日益复杂。为适应这一形势，广大教学管理人员主动适应现代社会发展需要，尤其是高等教育发展需要，与时俱进，对管理理念、管理资源、管理手段等主动调整、更新，管理创新的呼声日渐高涨。随着创新活动的逐步开展，暴露出许多设计和执行中的问题，如何解决并进一步推动创新是当务之急。

一、当前高校教学管理创新存在的问题

对教学管理创新的支持力度不足。教学管理的重要性和必要性已经得到许多校长的认可。随着人才培养水平评估工作的深入开展，教学管理的规范性逐步得到重视和提高，各类规章制度日趋完善，必要的管理岗位和管理人员也得以设立与充实。但许多学校把工作的重点放在了教学创新和专业建设方面，对教学管理的创新缺乏理念的支持和引导，缺乏必要的要求和足够的重视，对教学管理创新的探索零星而散乱，难以对教学工作起到系统的支撑作用。实际上，各高校对教师的教学创新和改革支持力度要远远大于教学管理人员，客观上造成教学管理创新的滞后。

现实情况是，认识到教学管理中以人为本重要性的教师和管理者不少，但是确立理念、上下贯彻的学校却很少。笔者认为，首先，要由校长牵头，在领导层统一思想，再进行自上而下的人本理念的推广和渗透，在日常言行和工作过程中，领导层尤其要注意以身作则。其次，在实际工作中进行工作模式上的理念固化，使人本理念深入人心。例如，与奖励教学效果的奖教金一样，设立管理创新奖，重点奖励管理人员在工作中的创新之举，由教师和管理人员共同评选，对获奖人的做法进行全校宣传和经验介绍。同时，应加大对教学管理的关注力度，从科研要求、管理效果等方面加强考核，至少应接近对教师的考核力度，并从经费支持、政策倾向等方面向普通教师靠拢。再次，在教学服务、检查

和监督过程中要注重民主化，尊重学术的权威。充分尊重教师和学生意见，实行民主决策，提高决策的科学性和管理效能。充分发挥学校学术委员会、教学督导部门、教学指导委员会专家的作用，依靠专家、学者使行政管理职能和学术管理职能有机融合。

评估工作的一个重要内容就是规范教学秩序，规范管理流程和手段。目前，规范的理念已深入人心，各项规章制度逐步设立，校方也更为重视教学管理部门的教学保障功能。但这并不表明教学管理已走上规范的轨道。事实上，管理人员为了规范而整日忙碌于事务性工作，产生大量部门和岗位之间的内耗性劳动，并不产生实际效益，对教学质量的提升也起不到有力的促进作用，造成人力资源的浪费。原先传统的工作方法和习惯仍具有较大惯性，尤其是在历史时间较长、老员工较多的院校中表现明显。因此，在这种强调规范却尚未完全完善的环境中强调创新，容易引起思想的混乱，混淆工作的主次，反而会在一定程度上阻碍创新思想的萌发。

高校教学管理本身日益复杂。主要表现在：一是学生数、教师数急剧增加，管理宽度扩大；二是专业设置快速多变，传统管理方式逐步向跨学科管理转变；三是很多高校在合并过程中出现跨校区管理，导致教学管理难度和复杂程度增加、教学资源分散、校园文化建设难以统一等诸多新的问题；四是不少高校，尤其是高职院校的办学形式日益多样，学历教育层次较多，一套人马管理多类学生，面临的管理难度不小。

二、对高校教学管理创新的几点思考

确立并落实以人为本的现代管理理念。现代管理理论认为，在管理的诸多因素中，人是最活跃、最能动的决定因素。以人为本的教学管理理念，就是把人的管理作为学校管理工作的重心，根据人的社会价值和人的心理活动规律，正确运用用人方略，创新教学管理模式和方法，使他们积极地参与到学校教育教学改革和发展建设中去。过去，人们把教学管理工作单纯地理解为对学生、教师的行为管理，教学管理者居高临下，凭经验和权力意识指挥教学，这种重在"管"的管理模式造成的是一种呆板、僵化、服从的管理氛围，在教学管理与重大教学改革中教师没有发言权，其创造性和积极性被人为压制。如今大家普遍意识到，教学管理不仅要"管"好，还要"理"好，要以人为本，营造一个科学、严谨、民主、开放的人才培养与成长环境，充分肯定人的主体地位和自主价值，实现管理和被管理者之间的和谐统一。

大家普遍认为，教学管理人员肩负着管理的主要职责，创新的主要目的也是为了更好地服务于教学，因此，创新是具体执行人员的使命，与教学和学生管理工作无关。事实上，教学本身是一项综合性工作，学校所有工作都与教学紧密相关，缺乏各方支持配合的管理创新将成为无根之木，难以持久深入。当前，为了规范而设立的各类部门和职位，有利于将具体工作做细做精，却也容易滋生部门主义和山头作风，制造许多工作壁垒，使得一些综合协调性的工作效率低下，得不偿失。

用弹性制度切中规范与创新的最佳结合点。长期以来，学校管理重视制度建设，这对教学管理的规范和教学秩序的稳定起到了非常重要的作用，但是过于"刚性"的管理制度也会制约教师的个性发展，制约管理人员创新行为的产生。因此，要建立完善的弹性教学管理制度，既增强教师的自主性，激活其内在的动力和潜能，又可以充分发挥教学管理人员的创新智慧。所谓"弹性教学管理制度"是指根据社会的最新变化和教学的需要，实施切合专业发展、课程教学的一系列具体的管理方法、措施和规范，这是世界高等教育教学和教学管理改革的一个趋势。

弹性教学管理制度的建立可以从弹性学制入手，进一步完善学分制。学校根据质量要求确定各专业的学分数，学生可在教师引导的基础上按照自身水平和基础，自行安排学习进度，提前毕业或延长学制；采取自由选课制，在修完专业核心课和专业基础课之后，学生自主选择感兴趣的课程，甚至允许学生跨校选课，通过各高校之间的学分认同，在充分满足学生个性要求的同时对所开设的课程优胜劣汰；设立奖励学分，对学科竞赛、科学研究、科研发明、社会实践中表现优秀的学生，给予学分奖励，甚至可以在条件成熟的情况下设立学分银行，对学分进行统筹管理。通过学分制的不断完善，改变过去在培养目标上忽视个性特点的状况，以适应社会对高素质创新人才的需求日益增长的趋势，最终实现人才培养模式的创新。

在改革教学管理中统一制式化的做法，倡导多样化和个性化。长期以来，高校普遍存在着教学计划一体化、教学过程同步化、教学方法单一化、教材使用一本化等问题。进入大众化教育阶段后，教师和学生本身更加注重个性发展，要求高校实行"多层次、多规格、因材施教"的人才战略。因此，在专业课程设置、教学方法、学习方式及评价方式和教学管理方式上都必须突出多样性，给教师和学生更多的自主性。在目前流行的院系两级管理体制下，系里的教学管理自主权普遍较小，存在教务处一家独大的局面，在统一管理和加强监督的理念下遏制了教学系的积极性和创造性，这种现象在规模较小的本科院校和高职院校中较为普遍。因此，笔者认为，要转变工作观念，各负其责，即学校职能部门专注于创造良好的条件，为教学系的教学提供便利，教学系专注于改革和创新，紧盯招生和就业两个市场，让市场来检验改革创新的成效。

将教师纳入到教学管理创新的主体中。工作专门化、精细化曾经是管理史上里程碑式的创举，大大提高了效率，为人类物质生产作出了巨大贡献。引申到高校管理中来，就容易得出管理人员是教学管理创新的唯一主体的结论，目前这种论调还存在于不少人的观念中。实际上，即使在管理学领域也提出了更为符合形势发展需要的工作扩大化的做法。教学管理人员与教师之间的界限需要淡化而不是强化，两者结合可以极大地互补。因此，将教师纳入到教学管理创新中来刻不容缓。首先，教师应该为教学管理创新提供最为真实的数据和资料。教师既是教学管理的参与者，又是被服务者，对管理过程中存在的缺点和不足有深刻的认识。如同管理人员应有教学科研任务一样，教师也同样应该具备管理水平和能力，并在考核指标体系中充分地体现出来。其次，教师应该充分运用教学管理创新成果。教学的改革与创新离不开学生的参与和反馈，而教学管理部门恰恰在这方面具有优势，况且教学管理创新的主旨也在于为教学服务。在运用创新成果的基础上，将优缺点及时反馈，有利于教学管理创新的良性互动和可持续发展。

提高教学管理者的管理水平。教学管理的对象是人，以人为本管理理念的体现其关键是教学管理者本身的素质与水平能力，而目前高校教学管理队伍相对教学队伍来说，教育教学管理理论知识贫乏，学历层次高低不均，每天大多忙于繁琐的日常教学管理事务，致使教学管理缺乏科学性和创造性。教学管理本身兼具行政管理与学术管理双重属性，教学管理人员不仅要懂得一般管理经验，更要了解、研究教育理论和教学规律。因此，笔者认为，应从以下几个方面入手：加强对教学管理人员的培训，提高其管理水平，更重要的是更新其教学管理理念，树立以人为本的管理理念，增强服务意识，为教师的才能发挥提供广阔的空间；致力于制定、实行公平的政策，创建有持续性的公平竞争环境，建立能持续调整的弹性机制，以实现管理效能整体提高的目标；熟练掌握学校教学网络系统，以提高教学管理效率，建立现代化的教学信息服务系统，主要包括所有课程的教学内容信息、课程调度信息、学习要求和毕业资格信息等，以方便学生查询、选择、自主设计学习方式。

当然，单纯强调以人为本，也会忽视管理应该遵循的客观规律，使管理失去客观性、公正性和规范性，造成管理的随意性和软弱性。高等教学管理应该是人文精神和科学精神的综合体，严格的科学管理制度与以人为本的管理理念两者相辅相成，才是理想的教育管理模式。

第二节　高校教学管理创新的必要性

高校教学管理是一项重要又复杂的工作。近年来，随着教育体制的不断深化发展，对高校教学管理进行不断创新已是必然趋势。本节以高校教学管理创新必要性为切入点，重点对高校教学管理创新的对策作出详细探究，从而保证高校教学管理迈上一个新台阶。

建设创新型国家是我国提出的新型战略方针。如何实现创新型国家，关键在于创新型人才的培养与储备。高校作为创新型人才培养的重要阵地，对创新型人才的培养成为高校教育教学管理的重中之重。

一、高校教学管理创新发展的必要性认识

随着教育体制改革不断深化发展，培养创新型人才成为高校首要的教育工作。高校教学管理的创新不仅是时代的发展需要，更是国家建设的需要。另外，受市场经济体制的影响，高校不断发展进步，必须进行教学管理的创新工作。新时代高校教学管理创新的必要性主要包含以下几方面内容：

（一）高等教育大众化发展的迫切需要

近年来，我国各大高校每年招生规模都在不断扩大，我国高等教育从精英教育向大众化教育发展。正因为招生规模不断扩大，高校面积不断扩张，使原本简单的教学管理工作变得越来越复杂。但是对于现阶段的高校教育来说，这是新时代发展的必然产物，也是社会不断进步的体现。因此，为了使高校教育跟上时代的发展，必须对高校教学管理不断创新与发展。受市场机制的影响，其中部分高校只追求学生数量的扩大，忽视对学生质量的要求，导致其发展速度远远跟不上高等教育大众化的发展速度，最终导致其课程教育、教学等都与社会发展需求相背离，培养人才技能结构过于传统。虽然近年来大学生毕业人数不断增加，但是真正就业步入社会后，一些高校学生所学的专业无法和社会需求相挂钩，不仅学生的就业质量得不到保障，同时还造成教育资源和人力资源的浪费。

（二）高校自身发展变化的迫切需要

近年来，我国大部分高校招生力度不断扩大，校区规模不断扩张。其中还有不少高校在本校区以外建立分校区，教学管理工作只能跨校区管理。如此一来，想要实现规范统一教学管理必然有一定的困难。教学资源分散，管理难度增加，管理效率低下，诸如此类问题的存在，成为高校教学管理创新工作中必须解决的内容。传统教学管理模式与经验已然不适用于现今的跨校区、多校区教学。在新时代背景下，对高校教学管理创新发展已成为高校自身发展的必然需求。

（三）高素质、创新型人才培养的迫切需要

自 21 世纪以来，世界各国综合国力的比拼愈来愈白热化。而有效提高综合国力的关键在于科技实力的提高和创新型人才的培养。高校作为培养人才的主要场所，学生的创新教育成为重中之重。因此，高校应该改变思想，重新审视传统的教育理念，重新定位创新创业型人才的培养目标。高校要从教学管理制度入手，对专业设置、人才培养目标重新进行创新性定位，优化现有的教学管理制度，制定满足培养学生实践能力、创新精神和创业能力的教学管理制度。高校教师在教学过程中要充分考虑并尊重学生的个性差异，懂得因材施教。另外，还要注重学生的个性化发展，培养学生的自主学习能力，并为学生自主学习创造有利的环境和氛围。采取灵活多变的教学方式，充分为学生的实践活动提供指导，从单一的课堂教学转变为教学竞赛一体化的教学模式，充分发挥学生的主体作用，把教学的主体从"教师"向"学生"转变，从而为社会培养出更多的创新型人才打下坚实基础。

二、高校教学管理创新性对策研究

教学管理工作是高校工作的重中之重，若要实现高校教学管理的创新就要立足全面分析问题，并从整体入手进行优化，既要坚持传统却行之有效的管理模式与经验，又不排斥学习引进先进的管理方式。完善高校教学管理的创新性改革，笔者提出以下几点建议：

（一）坚持"以人为本""以学生为本"的指导思想

理念是行为的主导，正确的理念能够引导人们在正确的道路上前进。它对教育实施者的行为产生影响，对教学内容、课程设置、教学方法、教育目的乃至师生关系也有重要影响。高校的教学管理创新，归根结底其实就是教学管理理念的创新，革新教育管理理念是根本。其科学发展的核心就是"以人为本"，国家发展是这样，高校教学更必须坚守这一理念。在高校教育过程中，坚持"以人为本"就是"以学生为本"，所有教学管理工作都要秉承"一切为了学生，为了学生的一切，为了一切的学生"的管理原则，将人文关怀渗透到日常教学与管理活动中，尽可能凸显教育方法的开放性与灵活性，最大限度地保留大学生的个性差异，让他们在高校中培养出强大的自主学习意识和创新创业能力，使学生成为社会发展与国家进步所需要的优秀创新型人才。

（二）加强教育者自我学习，提升整体管理能力

加强对高校教学人员的管理，不断地提高管理人员的整体工作水平。主要包括以下几方面内容：第一，思想政治修养的加强。高校作为文化传播的重要场所，身上肩负着培养人才、发展科学和社会服务的重担。因此，高校教学人员首先要具备高度的责任心，用严谨认真负责的态度对待工作，这是高校教学管理创新性发展的前提。第二，掌握现代教学管理的理论知识。为了提高高校的教育管理水平与教学质量，每一位高校教学人员都应该全面掌握现代教育理论知识，尤其对教育心理学、教育管理学等方面的学习，还要对教育教学管理制度有充分的了解，才能保证教学管理工作的顺利开展。第三，高校教学人员应该具备创新能力和创新意识。为了高校更好地发展，教育不断改革，具备创新能力和创新意识是不可忽视的重要内容。只有具备这两方面能力，才能为高校献言献策，提出新的发展方向，为高校创新性发展提供实践理论基础。只有在创新的道路上不断前进，找出适合自身的发展道路，才能使学生个性化发展得到保证，才是不断提高学生学习积极性的基础。在"互联网+"的时代背景下，对高校教学人员提出了更高的技能要求。网络、电脑、智能手机等都成为教学管理工作的重要工具。这就要求高校教学人员在工作中自觉地多学习，积极发挥创新意识，多掌握一些网络技术，不仅工作效率得到保证，而且能保证教学各项工作的准确率。

（三）充分发挥"双效激励机制"

充分发挥"双效激励机制"，该激励制度不仅是教师积极参与教学管理的基础条件，同时也是激发学生主动学习的动力。"双效"其一指对教师的激励机制。高校要进一步完善针对教师所实施的各类福利政策，让教育者毫无后顾之忧地投身教学工作。一方面，要不断地加大课时津贴、教学奖励等福利政策的实施力度；另一方面，要鼓励高校教育者将个人兴趣融入教学活动中，改变重科研轻教学的倾向，做到教学与科研两手都要抓，两手同时抓，为教师努力营造出公平合理的教学管理氛围。"双效"其二就是指对受教者——学生的激励机制。充分发挥对学生的激励机制，是提高学生学习积极性与创新性

最行之有效的措施。首先，引导学生提高自主学习能力及创新能力。高校要给学生创造出良好的学习氛围，引导学生树立正确的人生观、世界观和价值观。其次，高校要多途径、多方面为优秀学生搭建创新平台，学生接受教育的场所不再单一地局限于课堂，通过诸如课程实践、实习、竞赛等多途径为学生发展提供机会。最后，建立学生参与教学的管理制度，让学生通过校方的正规途径充分了解学校、学院在教学管理方面的创新性工作，从而更好地发挥学生的主观能动性。面对新时代的高校发展，建立"双效激励机制"已是必然趋势，支持教育者与受教者的工作与学习，让教与学在高校教学中发挥出最大的功效与潜力，从而达到教学目标的最优化。

（四）深化教学管理体制创新

为了满足新时代我国经济体制发展需求，教育体制要适时地进行相应改革与创新。学校主要进行宏观政策、机制上的调整，进行相应评估检查，各个学院的主要职责是对教学过程和教学质量进行监管。因此，高校教学管理重心要下移。一方面，体现在高校要改变传统专业课程的设置模式，让全体教师主动地参与到教育教学改革、学生课程的培养方案优化工作中，从而不仅发挥出教师的各自优势，还能节约高校教育资源；另一方面，完善高校教学管理中校、院两级分级管理模式，重点强调院系教学管理的主体地位，明确其中的权利与责任。最后，建立更加科学的学分制度，努力促进高校教育思想、教育观念、教学模式、教学内容与方法的变革。

高校教学管理创新工作是大势所趋，必须凝集国家、高校和社会各界的力量共同协同完成，秉承"以人为本"的科学发展理念，努力提高自身的管理能力，充分发挥"双效激励机制"，努力深化教学管理体制创新，为高校教学管理创新迈上新台阶奠定坚实的基础。

第三节　网络时代高校教学管理的创新

随着网络信息技术的发展和高校教学改革的不断深入，高校教学管理信息化建设在资金、人员、教学管理软件以及教学评价标准方面都跟不上发展的速度。高校要进一步提升教学管理的科学化和现代化水平，就要在电子教务管理系统、管理人员信息素养、筹资渠道、教学管理软件、教学评价机制、可持续发展等方面积极探索教学管理信息化建设的新路径。

高校教学管理信息化是高校利用先进的计算机、数据库和网络技术，实现教学信息的资源共享，使传统的教学管理向规范化、科学化、数字化和网络化发展，最终形成与高校教学管理发展并存又相互作用的虚拟教学管理系统。近几年来，随着现代信息技术的飞速发展和网络基础设施的不断完善，高校教学管理信息化建设取得了重大进展，采用信息技术运行的各种教学管理信息系统得到了广泛的应用，促进了从宏观到微观的高等教育管理体制的改革与创新。

一、网络时代高校教学管理信息化建设的背景

随着科学技术的进步和全球经济的飞速发展，人类社会已进入一个崭新的信息革命时代，即网络时代，21 世纪对高校人才的培养也提出了更高的要求。当前，高校教学管理工作面临着网络新时代发展背景，具体体现在以下三个方面：

网络时代高校教学管理面临的新问题新挑战。21 世纪是一个信息技术高速发展的时代，以计算机技术、网络技术以及各种新媒体手段为核心的信息技术纷纷出现，并被广泛地应用于社会各领域中，成为拓展人类能力的主要工具。在这样的信息化环境下，高校的教学管理工作面临着新的机遇和挑战。一方面，高校可以充分利用现代化的信息教育手段开拓教学管理工作的新局面，促进教学管理理论和方法的创新，提高教学质量，探索与发展全新的教学管理模式；另一方面，高校教学管理在运用各种现代化信息技术教育手段的同时，也面临着科技新发展所带来的各种挑战。例如，各种新媒体及网络技术的购买和维修成本高，对高校的经费投入提出更高的要求；新教学设备的维护工作又对专业的技术支持人员提出新的要求。

高校大力推行教学管理改革。近年来，我国高等教育事业获得快速发展，学校办学规模不断扩大，在校学生人数持续增加，毛入学率不断提高。据 2019 年教育部发布的《2019年全国教育事业发展统计公报》数据显示，2019 年，我国各类高等教育学生总规模达到4002 万人，高等教育毛入学率达到 51.6%。由此可见，我国高等教育已经逐渐由精英教育逐渐向大众教育转变，这给高校教学管理工作带来了前所未有的压力和挑战，如何确保高等教育教学质量，防止教学质量滑坡已成为社会各界重点关注的问题。显然，高校过去传统的教学形式和管理体系已经难以适应大众化高等教育的发展。为了应对这种挑战，国内很多高校进行了以选课制、学分制、弹性学制为核心的教学管理改革。选课制是学生在一定的规则范围内，自主选择所修的课程。学分制与学年制相对应，以学分考核学生的学业完成情况，用规定的毕业最低总学分衡量学生的学习量和毕业标准。弹性学制是学分制的另类发展和表现，指学生可以根据自身的条件和特点安排学习，其最大特点是学习时间的伸缩性、学习过程的实践性以及学习内容和学习方式的选择性。这些教学管理改革在一定程度上配合了高校教学管理信息化建设的需求。

21 世纪对创新型人才的需求。21 世纪是知识经济的时代，是全球政治经济一体化、文化多元化的时代，社会、科技和经济等各方面的发展对人才的培养提出了更高的要求。创新能力越来越成为各国衡量人才的首要和关键标准，高素质的创新型人才成为推动社会各领域飞速发展最重要的推动力，能够有效地推进创新型组织及创新型国家的建设。自 1995 年我国提出科教兴国战略以来，创新人才培养成为国家人才战略的核心，而实施科教兴国和人才强国战略，就必须加强科技创新和教育创新，在社会的各个领域培养

出具有国际竞争力的创新型人才已成为我国教育事业的首要目标。清华大学教育研究院2012年5月发布的一份"以学习者为中心"的研究报告称，和美国的研究型大学相比，我国的"985"高校在激发学生自主学习的愿望与能力、提供创新性学习方面表现不佳，"填鸭式教育"在我国高校仍未得到根本性改变。因此，在高校建立创新型人才的教学培养模式是我国目前亟待解决的问题。高校要顺应21世纪教育创新发展的需要，实行高效以及操作性强的教学管理新模式，注重对学生创新能力和综合素质的培养，充分运用信息技术手段进行教学管理，提高教学管理效率，实施个性化教育，培养创新型人才。

二、网络时代高校教学管理信息化建设存在的问题

在当今的网络时代，虽然高校教学管理信息化在我国越来越受到重视，但在大多数高校还处于起步阶段，发展不完善，在资金、人员、教学管理软件以及教学评价标准等方面还存在很多问题。

资金投入不足。教学管理信息化需要有完备的教学设施。虽然高等教育信息化建设的重要性越来越受到各高校领导的普遍认可，但是资金投入不足仍是制约高校信息化发展的因素之一。究其原因，一是由于高校扩大招生规模，高等教育日益大众化，单一的国家财政拨款远不能满足高校发展的需要，教学管理信息化建设上的投入也就相对不足；二是近年来各高校都在加速建设的步伐，将主要经费投入到校园建设、人才培养、教学项目等方面，忽视了教学管理信息化建设；三是教学管理信息化建设中所运用到的多媒体及网络技术的购买和维护成本较高，资金投入总量较大。此外，由于我国区域间经济实力发展的差异，导致不同地区的高校教学管理信息化发展水平极不平衡，那些经济发展水平较高，经费投入多的高校，教学管理的信息化程度较高，建立起了完善的电子教务管理系统。而一些地方性院校、中西部高校，由于经费投入不足，教学管理信息化的进程严重滞后，有些地区甚至缺乏基本的网络教学设备。

相关技术人员队伍建设滞后。高校教学管理信息化的建设过程离不开高素质的专职技术人员的支持，主要表现在教学硬件的维护以及教学软件的研发等方面上。然而，高素质的专门技术人才的匮乏成为制约我国高校教学信息化发展的又一障碍。在实际工作中，由于受人员编制、资金投入等因素的影响，在职位设置上，各高校普遍没有专门的技术人员岗位，导致信息化的教学设备维护的技术水平较低，教学管理系统的稳定性和安全性得不到有效保障；在具体教学过程中，经常出现教学设备突发故障时没有专门的技术人员及时进行维护的情况，导致正常的教学活动受到影响；在教学管理软件的研发上，许多高校由于自身专门的技术人员的缺乏，往往单纯地依赖外部专业的程序开发人员来规划和设计教学软件和系统，导致设计出来的软件和系统出现功能与实际不符或者操作不便等诸多问题。要引起关注的是，教学管理的实践证明，高等教育信息化的建设速度越快，技术支持的问题就越突出。

教学管理人员是高校教学管理工作的组织者和实施者，在具体教学活动中起着至关

重要的作用，直接影响着教学任务的完成。如今信息化的教学管理环境对教学管理队伍的综合素质提出了更高的要求，信息技术素养越来越受到重视。但是，在对教学管理人员进行招聘时对其素质要求不高，录用后又忽视了对他们进行系统性的培训，加之他们自身传统教学观念的落后，导致高校教学管理人员的信息技术素养普遍偏低，不熟悉计算机和多媒体技术的操作，不善于使用网络技术、计算机、互联网等现代信息技术手段去获取、分析、反馈信息以及处理繁杂的日常事务性工作，缺乏学习和应用新技术的积极性和主动性，工作效率低，这些都严重制约了高校教学管理信息化建设的进一步发展。

缺乏完善的教学管理软件。目前，我国很多高校学籍管理、考务管理、教材管理等信息管理软件已经在实践中得到了广泛应用，在成绩、选课、学生基本信息管理等方面发挥了一定的作用，大大提高了高校教学管理的效率。但是这些软件大都属于教学管理信息系统的某一局部应用，其开发时间、使用要求以及应用水平都呈现出不均衡性。此外，这些教学管理软件大多是各个高校委托专门的技术公司研制或是自行研制开发的，缺乏信息化平台建设统筹规划性。在信息化建设过程中忽视了教学管理信息化的核心地位，数据共享和传递困难，难以实现资源统一管理的目的。

缺乏支持教学管理信息化的评价标准。随着学生对网上教学平台和电子课件利用率的提高，自助式教学在我国很多高校越来越受到追捧。然而，支持高等教育信息化的教学评价标准尚不成熟，自助式教学的效果如何检验、教师网上答疑和多媒体课件制作如何计算工作量等这一系列问题不断涌现，急需解决。众所周知，教师在教学过程中用信息技术要花费教师更多的时间，会成倍地增加教学工作量，但很多高校的人事考核还没有对这种额外劳动进行科学的评价和物质奖励，这会大大影响教师运用信息技术进行教学的积极性和主动性。此外，信息技术与教学的结合涉及教学模式的改变和学生学习效果的评价，这种教学评价工作的执行也需要以统一的标准为参考依据。

三、高校教学管理信息化建设的新路径

网络时代，高校教学管理信息化在高等教育改革和发展中起着越来越重要的作用，为了进一步提升高校教学管理的科学化和现代化水平，各高校要在电子教务管理系统、管理人员信息素养、筹资渠道、教学管理软件、教学评价机制、可持续发展等方面积极探索教学管理信息化建设的新路径。

建立信息化电子教务管理系统。高校要根据自身的实际情况，利用现代信息技术，建立以信息化为平台支撑、完整统一和技术先进的电子教务管理系统，实行以信息化为平台支撑的教学管理改革，实现智能性、互动性、个性化的教学管理。建立信息化的电子教务管理系统，高校要从以下具体方面着手：一是建立完备、可靠的教学信息处理系统，在各教务管理部门间实现统一的信息浏览、成绩管理，通过对学生基本信息的高速共享，促进教学管理部门之间的高效协作；二是建立集教务工作自动化和信息化为一体的先进的电脑网络系统，通过电子化、无纸化、信息化，实现教学管理的规范化，提高教学管

理效率；三是随着教育资源管理系统、课程管理系统、课程制作系统、智能答疑系统、作业与考试系统等相继出现，推行以选课制、学分制、弹性学制为核心的教学管理改革，实现个性化教育和创新人才培养。此外，高校要利用网络技术，发挥互联网的优势，建立教育资源库和校园门户网站，为学生和教师提供方便的网上教学平台，为师生构建网上协作学习的良好环境。

提高教学管理人员的信息技术素养。高校教学管理信息化建设对教学管理队伍的综合素质提出更高的要求。提高教学管理人员的信息技术素养和信息管理能力是实现教学管理信息化的关键。首先，在新任教学管理人员的招录上要针对信息技术素养设定一定的录用标准，通过现代化信息教学设备的实际演练和操作进行能力考核，择优录取；其次，要对新任教学管理人员进行信息技术培训，根据岗位特点，有针对性地加强信息管理知识的培训，提高计算机、网络技术和多媒体技术的应用水平，扫清技术和操作上的障碍；最后，对在职的教学管理人员进行年度性的信息素质考核，通过制定有效的惩罚和奖励机制，促使教学管理人员主动适应信息化社会发展的需要，不断提高自身的综合素质，不断积累计算机、网络、多媒体技术等方面的知识，更新和拓宽自己的技能领域，熟练驾驭现代信息教学技术。通过这三个途径最终要打造出一支具有教学管理经验和创新能力，能熟练应用基于网络技术的教学管理信息系统的高素质的教学管理队伍。

多渠道、多元化筹措资金。长期以来，我国高校形成了以财政拨款为主要经费来源的筹资格局，虽然自 20 世纪 80 年代以来国家财政和各级地方财政对教育经费拨款逐年增加，但是由于高等教育规模的不断扩大以及物价指数的飞涨，单一的国家投入远不能满足高校发展的需要。因此，要借鉴发达国家高校教学管理信息化的经验，结合市场经济的发展特点，通过广泛的社会服务和参与，形成以国家拨发经费为核心，多渠道、多元化的筹资体制，充分发挥中央政府、地方政府以及高校在教学管理信息化建设中的集资作用。中央和地方政府除了每年向高校提供固定的财政补助外，还要通过制定相关税收优惠政策，鼓励和支持各种社会团体、企业和个人参与到高校信息化建设中，通过引进技术和资金，更新落后的教学管理硬件配套设施，建设性能优异的电子教务管理系统。高校要结合自身的实际情况通过各种合法手段获取办学经费。

开发优质的教学管理软件。优质的教学管理软件是实现教学管理信息化的重要条件。目前，我国不少高校都是委托校外某个公司或机构来完成教学管理信息软件和系统的程序设计与开发，而学校教务管理部门本身并不参与或很少参与这个过程中，导致开发出来的教学管理软件和系统在实际应用中存在很大的局限性。因此，各级教育主管部门、各高校要组织本校那些既懂现代信息技术又懂教学管理的人员共同开发研制质量高、适用性强的教学管理软件，而教务处的系统规划者也必须全程参与到开发过程中。在具体的开发过程中，要采用国家标准和教育部对教育信息化管理的规范，充分考虑上级教育主管部门对学校和下级管理部门的要求，实现数据的完全共享，提供完整的信息指标体系，使其内容能够满足各种类型高校的需求。

建立教学管理信息化的评价机制。科学的教学管理信息化评价和激励机制可以有效地促进教学工作水平和教学质量的提高。为了有效促进高校教学管理信息化建设的发展，各高校要根据不同层次和类型的教学工作要求，制定科学合理的评估指标体系，采取切实可行的评估方法，对各层次和类型的教学管理工作进行科学客观地评估，为今后改进教学管理工作提供科学的依据。此外，要建立支持教学管理信息化的教学评价标准，对教师因运用信息化技术进行教学而增加的额外工作量进行合理评估，并建立与之相对应的物质奖励机制或课时抵用的合理计算方法，从而提高教师进行信息化教学的积极性。对信息技术与教学的结合而产生的教学模式和学生学习效果的改变也要建立一套合理的评估体系，支持高校教学管理信息化建设的进一步发展。

促进教学管理信息化建设的可持续发展。高校教学管理信息化建设是一个长期曲折的过程，要努力使其实现可持续发展。具体要做到以下几个方面：一是实施教学管理信息化的全面、协调发展。教学管理信息化的实施不仅要体现对学校教学工作的重要支持，还要体现出对科研、行政管理和社会服务的支持，要让教学管理信息化带动高校整体信息化的协调发展。二是对教学资源进行优化配置、合理利用与保护。教学管理信息化系统是一个较为复杂庞大的管理系统，主要包括硬件设备、应用软件以及管理人员等各种资源，在具体的教学管理工作中，要对这些资源进行优化利用和配置，同时也要做好这些资源的维持和保护工作，发挥它们的长期效用。三是加强各级教学管理人员的信息技术能力建设。通过不断地提高教学管理人员的信息技术素养，不断地深化高校教学管理信息化进程。

总之，高校教学管理的信息化建设是当今高等教育发展的大势所趋，也是适应网络时代对创新人才培养的要求。各高校要充分利用现代信息技术，探索新的教学管理模式，促进高校教学管理信息化建设的发展，进一步提高教学管理的科学化和现代化水平。

第四节　高校教学管理创新发展探索

高校教学管理创新发展是时代变革发展的必然趋势。高校教学管理现状主要表现在教学管理工作认识程度不够及教学管理数字化程度相对薄弱。建立"以人为本"的现代高校教学管理理念；构建高校教学管理网络信息化运行机制；开展"精细化"高校教学管理模式是高校教学管理创新发展的有效途径。

随着我国"科教兴国"战略的推进实施，高等教育事业实现深刻变革与巨大发展。适应时代发展需要，是我国高等教育改革与发展的基本目标与要求。高校教学管理工作是高校管理工作的核心内容，同时也是高校培养高质量人才服务社会的重要保障。根据现阶段我国高等教育发展的实际情况和发展特点，国家教育相关管理部门对高校的教育管理已经提出了新要求，尽管我国高等教育发展过程中对教学管理作出了相应的改革，但在应对新形势下的高校教育教学中面临的问题还是存在着一些限制因素，在一定程度上严重影响了教学质量的提高。因此，通过改革创新教学管理模式是我国高等教育适应新时代发展的现实要求。

一、高校教学管理创新发展的必要性

（一）是时代变革发展的必然趋势

步入 21 世纪后，社会改革发展使得社会政治、经济、文化及教育等方面都发生了巨大变化。高校作为社会发展输送人才的主要阵地，根据时代变革特点打破原有的教育管理模式，提升教育质量是高校教学管理创新发展的基本原则。据相关资料数据统计，与改革开放初期我国专业教师人数 20.6 万人相比，截至 2017 年我国的高校专业教师的数量已经达到 163.32 万人，师资数量及结构发生了巨大变化，中青年教师成为师资结构的主要组成部分。随着时代的变革发展，如此庞大的教师队伍是高校教学管理进行创新改革的所要考虑的重要层面。2016 年 6 月，教育部下发了《教育部关于中央部门所属高校深化教育教学改革的指导意见》明确指出，提高人才培养质量是高等教育的核心任务，深化教育教学改革是新时期高等教育发展的强大动力。当前，在高校教学管理中要深入推进信息技术与教育教学管理深度融合是时代变革中教学管理创新发展的必然趋势。

（二）互联网技术普及应用为高校教学管理提供新契机

随着互联网信息技术的不断发展，当前社会已经进入"信息时代"，互联网的普及已经成为社会发展的趋势并逐步应用于各领域。2015 年 7 月，国家下发的《国务院关于积极推进"互联网+"行动的指导意见》指出：要充分发挥互联网的高效、便捷优势，提高资源利用效率，加快发展基于互联网的教育等新兴服务。因此，建设以互联网应用为基础的网络信息化管理是高校教学管理改革的重要途径。互联网技术的应用可以使管理更为精准化、人性化及集约化，高校在教学管理中运用互联网进行多种信息传播将更为技术化，同时在操作过程中精准程度将大幅度提高。同时，在劳动强度方面可以极大地减轻工作人员的工作量，提高日常教学管理的工作效率。高校通过互联网技术与高校管理服务体系的深度结合，利用互联网带来的公共数据资源的开放获取优势，可以形成在线"一体化"公共服务体系，将服务资源进行有效整合，实现数字化及智能化的高校教学管理服务模式。

二、高校教学管理创新发展的有效途径

（一）建立"以人为本"的现代高校教学管理理念

"以人为本"是科学发展观的核心，体现了全心全意为人民服务的根本宗旨。高校教学管理的本质就是在教师从事教育教学过程中尽可能地进行辅助服务，"以人为本"的现代教学管理新理念其核心就是围绕教师和学生通过使用科学的管理模式对学生及老师开展教学管理工作，与传统的管理模式相比弱化了以理性为中心开展管理工作，是当

前高校教学管理改革发展的必然趋势。一方面，高校管理人员通过加强自我服务意识的提升，对学生及专业教师的个性化需求给予最大化的满足，在教学、科研及服务管理过程中做到规范管理、人性管理和民主管理，切实做到以人为本，突出人性化的教育管理理念。另一方面，要重视学生的地位。学生是高校教学管理内容的重要组成部分，通过发挥学生的主观能动性可以激发学生的学习兴趣，进而提高教师的教学效果，达到人才培养的最终目的。

（二）构建高校教学管理网络信息化运行机制

"互联网+"与高校教学管理工作的紧密融合使得信息资源高度共享得以实现。高校网络信息化运行是提供服务于学生及教师办理日常事务的最简化途径。应用教学管理信息化系统是高校进行网络化办公的主要方式。提高高校教师及学生对教学管理信息化系统的使用效率是构建高校教学管理网络信息化运行机制的根本目的。积极引导高校学生正确、快速地使用高校教学管理系统，减少现场办公环节，可以对提高高校教学管理工作的效率起到正面和积极的作用。同时，在完善教学评价过程中，网络信息化提供的大数据可以及时分析教学过程中发现的各类问题，教师通过数据分析结果及时调整教学内容，最终会促进整体教学效果的提高。高校教学管理在大数据的支撑下可以从宏观向微观转变，对群体的分析与观察逐步转向个体，在分析具体学生的反馈数据基础上进行实时跟踪，以实现高校教学管理质量的显著提升。

（三）开展"精细化"高校教学管理模式

"精细化"管理模主要是通过细化分工实现最佳管理效果的一种职责明确化方式。在高校的教学管理中，开展"精细化"教学管理是高校教学管理创新发展的有效途径。高校的"精细化"管理模式主要是通过对正常运行的教学管理的各个主要环节进行合理策划、精心组织，紧扣管理中的实际情况，依据以人为本的主要原则加强管理力度，实现教学管理从量的改变到质的提升。一方面，通过"精细化"管理加强高校管理工作人员的素质提升。制定精细化的教学管理工作和人员素质提升计划。利用聘请专家进行专业化讲座及参观培训的方式，对精细化管理相关实践技能开展有效学习，逐步掌握流程化的管理技巧。另一方面，要构建精细化考核监控体系。通过精细化的管理考核体系可以激发高校管理工作者的工作情绪，调动其积极性和主动性，同时在不断完善奖惩机制过程中，激励教学管理人员不断改革创新。

第五节　大数据背景下高校教学管理创新

在互联网技术的迅速发展及影响下，我国已经进入大数据时代，大数据的信息使人们的生活、工作、学习得以全新的改变，同时也受到了教育管理者的推崇与使用。其中，高校的教学管理工作也在适应着时代的发展需求，不但摒弃了以往落后陈旧的教学管理方式，而且充分利用大数据信息对教学管理模式进行创新改革。目前，将大数据的信息与高校对于学生的管理模式进行有机结合，不仅能彻底摆脱低效落后的管理手段，同时也能够大大地提高高校对于学生开展管理与服务的工作效率。但是，在大数据背景之下高校教学管理工作中依然存在着很多问题，如何高效地解决这些问题且采取相关策略去推进高校管理工作的顺利开展是需要我们进行深入探究的。

高校是学生接受教学培育以及日常生活的主要阵地，因而，需要制定针对有效教学的管理制度，并且要通过充分运用教学教育的管理手段，才能高效地实现对于学生的教学管理目标。大数据的普及和运用，对教育行业也带来了新生，很多高校慢慢脱离了过去传统陈旧的教学管理模式，同时为了适应大数据时代发展趋势及当前的教学管理实际需求，高校对于教学管理工作也实施了一场创新改革，取得了明显的效果。但是由于经验不足，导致在有些方面尚有不足之处，如何更好地将大数据信息技术与高校教学工作进行结合，是高校当前面临的挑战。

一、大数据技术的概念

大数据技术就是涵盖海量数据的整合，指的是无法在一定的范围与有限时间内开展信息内容的收集与高效管理的数据形式。通过整合与处理海量的大数据信息资源，能够对企事业单位的相关工作进行相对应的决策指导，优化大量信息数据的管理过程，且推进不同种类无形资产的快速增长。大数据技术的运用，其最终目标并不是搜集大量的数据信息，而是处理巨大的数据资源，通俗点说，就是整合使用多个数据信息库，再对数据库中覆盖的大量信息资源进行"加工"，能够在原来的基础之上促使数据信息价值的增值。

二、大数据背景下高校教学管理中存在的问题

高校教学管理工作中收集与整合数据缺少明确的目标。当前很多高校运用的大数据技术，依然处在我国信息化建设工作的起始阶段，大数据在高校教学管理中的使用方向相对较少，并且缺少清晰明确的工作目标。高校的相关管理部门对于学生数据的收集，没有去按照日常学习与活动的数据要求对数据进行收集、整合与储存。而是对高校学生的所有信息开展收集管理，主要包含图书借阅、课外活动、课堂学习、兴趣爱好等信息，这就致使高校对于学生的数据信息管理缺少规范、科学、明确的实行目标，搜集到的学生数据信息也是杂乱不齐，其中有很多数据信息根本没有存储价值，而重要的数据信息又会漏采或没有记录，这样就会造成高校的教学管理工作出现失误和偏差的现象。

高校的数据化教学管理与实际人才的需求存在脱节的现象。在大数据时代高校获取及存储的信息数据，基本都是将不同种类的信息数据区分开来再储存到不同的数据管理库。所以，在高校不同的数据管理库存在着差异化的信息数据，各种各样的教学资源信

息如孤岛效应一般的存在着。很多高校数据信息库之间没有建立内部联系，导致无法共享资源信息，同时社会与高校之间也缺少直接的数据交流途径。在各种数据资源独立与不相连的情形下，高校的教学管理能力自然就会大大降低，并且高校对于学生进行的一系列教学活动也无法满足社会企业对于人才的实际需求。当下高校的教学管理数据库建设，依然还处于利用信息数据的过渡时期，挖掘和分析的数据信息内容不够全面化、统一化，数据信息资源对指导高校开展教学活动也起不到突出的作用。

三、大数据背景之下高校教学管理的创新策略

加强高校教学应用数据信息技术的管理意识。当前大数据不但是高校教学管理的无形资源，同时也是高校不同部门进行教学管理决策的关键性依据。目前很多高校教学管理部门以及老师对于学生的数据学习缺少敏感性，在运用多种信息数据对学生进行管理的效果很不理想，根本实现不了专业化、精准化的教学管理。因此，基于大数据信息技术的分析和研究的教学角度出发，高校教学管理的相关部门工作人员要加强自身数据化管理的工作意识，创建对学生进行教学引导的信息化平台，对高校的各种数据资源信息进行统一整合，深度挖掘出与学生心理教育及课程教学有关的数据信息内容，以此来真正实现大数据对高校教学管理的有效服务。

创建数据信息的统一管理标准，实现共享数据。构建统一的高校教学信息管理的相关标准，能够大大地减少采集信息时出现过多无用的数据，从而有助于充分保障收集、储存及利用有用的数据信息，同时也能减少工作量，提升管理效率。另外，各个高校建立统一数据收集与管理的相关标准，能够使不同的云端存储平台形成有机的衔接，且能通过互联网平台共享和交流各种数据信息资源。高校可以利用服务器和数据库等相关硬件设备，通过互联网平台共享互通学生的数据信息资料，同时再筛选出有用的信息进行深度的挖掘。例如，高校相关管理部门可以将学生的考试成绩、得奖情况、挂科情况、参加社会实践活动、课堂表现等信息进行统一整合，然后，在学期末尾根据这些信息对学生进行综合性考核，给予相关的奖励与惩罚。例如，对于表现好的学生发放奖学金、发放优秀学生的荣誉证书、保研等，而对于表现差的学生可以实行记过，甚至留级的对应惩罚。

第六节　慕课背景下的高校教学管理创新

在高等教育信息化背景下，慕课浪潮席卷全球，对高校的教学管理提出了挑战。本节分析了慕课对高校的教育生态、教学理念、教学管理制度、科层管理模式、基于专业的教学管理范式、传统的教学模式等方面的挑战。探索了慕课背景下，应对这些挑战的高校教学管理创新策略：积极推进慕课本土化，优化师资队伍，更新教学理念，建立新

型的教学团队，建立、完善慕课发展的规范与标准，由科层管理转向共同治理，建立"课程管理"的教学管理范式，创新混合式教学模式。

一、研究背景

高校教学管理，是高校教学行政人员为完成教学任务，提高教学质量，运用一定原理和方法，通过一系列特有的管理行为，组织协调和指挥、控制教学工作，以实现教学目标的过程。教学工作是学校的中心工作，而教学管理是教学工作正常运行的基础，科学合理的教学管理是提高教学质量的保障，并能够促进教师不断地发展和提高，直接影响着学校的人才培养质量和育人目标的实现。高校教学管理，主要内容有教学计划管理、教学质量管理、教学运行管理、教学评价，以及课程管理、教材管理、专业管理、教师管理、学生管理、教学管理制度等。

《国家中长期教育改革和发展规划纲要（2010—2020年）》明确提出，要加快教育信息化进程，信息技术对于教育发展具有重要影响，要促进教学内容、教学手段和教学方法的现代化。应充分利用优质资源、先进技术，创新运行机制与管理模式，优化整合现有资源，构建先进、高效、实用的数字化教育基础设施。高等学校要利用信息技术创新教学管理方式，将教学管理与信息技术相融合，提高教学管理的水平，从而提高教学管理质量。

慕课（简称MOOC，是英文Massive Open Online Course的缩写），又称为大规模开放在线课程，是一种基于计算机技术和互联网应用，通过网络平台，把课程的教学录像、课程简介、教学大纲、参考资料、作业、重点难点指导等教学活动必需的资源全部上传至网络，学习者通过在线学习和互动交流，达到获取知识和技能的教学活动。慕课这种大规模的在线课程掀起的风暴开始于2011年，美国《纽约时报》将2012年称为"慕课元年"。随着美国Udacity、Coursera和edX三大慕课平台的相继组建和更多课程的在线发布，慕课的发展态势呈现"井喷式"。2014年5月，"爱课程"网的"中国大学MOOC"正式上线，我国高等教育开始进入慕课时代。慕课的规模庞大，资源丰富，由很多国家的著名高校提供，发布慕课的教师多为业内权威教师，教学经验丰富，课程门类众多，内容精致，参与慕课的学生规模庞大，来自世界各地的成千上万名学习者可以在线学习，互动交流。慕课将课程资源发布在网络上，学习者根据自己的喜好和需要，选择适合的课程。课程内容公开透明，形式多样，时间和地点不受限制，学习者的身份和人数也无要求，因此，学习者只要有时间，人人都可以自由学习。慕课实现了以学习者为中心的学习方式。教育的作用体现在教师的教是为了学生更好的学，慕课真正还原了学的本质，体现了师生互动、生生交流，重视学生的学习体验，对知识的认识和理解在互动交流的过程中逐步加深。但慕课是基于互联网平台，没有师生之间的面对面交谈，更多的是人机对话，缺少监督和约束机制。难以保证是学习者本人在学习，作业是否抄袭，学业水平的真实性无法考证。因此，慕课对学习者的自主性和自我约束力提出了更高的要求。慕课在很大程度上促进了信息技术与教育的融合，加快了教育信息化进程，并为跨国界校际交流与合作提供了桥梁与纽带，推动了全球优质教育的资源共享，有利于促进教育公平，养成终身学习的理念。

二、慕课背景下高校教学管理面临的问题和挑战

慕课的出现对我国的高等教育带来了重要的机遇：慕课不仅是对教育技术的革新，更重要的是对传统的课堂教学模式的颠覆，慕课的兴起必然会带来教育体制、教育观念、教学模式、人才培养等方面的深刻变化。这些变化又会给教学管理带来一系列问题和矛盾，成为高校教学管理面临的新问题、新挑战。

（一）慕课对高校的教育生态提出了挑战

慕课的出现对现有的高等教育生态带来了冲击，高校将面临全球化竞争的压力。任何人在任何地方只要通过网络就可以在线学习，与名校名师交流，教育生态向开放转型，高等教育的大众化、普及化转变是大势所趋。慕课的机会均等，促进了教育公平，也改变了高校的竞争模式，高校面临前所未有的压力。慕课带来了教育成本的降低，对高校的管理体制也带来了挑战。慕课可以免费学习，如果要得到学分或证书，只需缴纳少量费用，相对而言，高等学校的学生学习成本要高得多，每年数千数万元的学费以及同质化的课堂教学模式已引起了对高校教育教学改革的思考。慕课打破了高校的围墙，同时也打破了世界范围内的国界限制，高校面临全球化的竞争。一些名校或具有优势资源的学校，通过慕课可以扩大知名度和社会影响力，在竞争中占有绝对优势，而生源和师资力量相对薄弱的应用型高校在竞争中明显处于劣势。

（二）慕课对高校的教学理念提出了挑战

目前，我国的高校普遍存在着重科研轻教学的传统，评价一所大学的优劣也往往以科研指标来衡量，教师在职称评审和待遇方面也和科研直接挂钩。因此，大部分教师将主要精力用在项目申报和发表论文上，无暇顾及教学的好坏。教师对学生的学习关注不够，教学方式单一，教学效果很难得到提高。慕课作为一种全新的教学模式，对高校教师的教学计划、课程设计、教学大纲、教学内容、教学投入提出了更高的要求，对学生的主动性、积极性、参与性，对教学管理的科学性、规范性、先进性等都提出了更高更严格的要求。来自国内外名校名师的慕课，无疑会对学生有着更高的吸引力，这对于一些师资力量相对薄弱的一般高校和教师必将带来巨大的压力和冲击。因此，高校教师和管理者必须改变重科研轻教学的理念，把教学工作作为高校的中心工作，树立以学生为中心的教学理念，提高教学水平和人才培养质量。

（三）慕课对高校的教学管理制度提出了挑战

高校的教学管理制度是高等学校对教学工作有效管理、对师生员工的行为规范进行约束引导，从而实现高校教学目标和人才培养目标的重要保障。教学管理制度在高校中具有约束、激励和导向功能。慕课的到来，对高等学校的管理者来说，还是一个新鲜事

物，在慕课建设与推广过程中会出现新的问题和矛盾，传统的教学管理制度已无法适应慕课背景下的教学管理，需要相应的教学管理规章制度来实现慕课的顺利开展。如何制定慕课课程的认证标准，如何引导教师积极参与慕课建设，如何计算慕课的学分，如何共享慕课的优质资源，如何改革慕课背景下的教学管理方式，如何评价慕课的教学质量，如何调动学生的学习积极性阻止学生的抄袭与作弊，如何建设本土化慕课课程，如何计算慕课的教学工作量，等等，这些都对传统的教学管理制度提出了挑战。

（四）慕课对高校传统的科层管理模式提出了挑战

传统的教学管理是建立在科层制管理基础上的。科层管理强调的是程序化、系统化的方法，在严密设计的各种组织中有很多规定好的程序，通过成员执行规定的程序完成任务。科层管理追求效率和逻辑，以自上而下的管理作为运行机制，关注的是控制而不是理解，强制的科层制导致的是从属而不是创新。科层制管理下容易形成管理主义意识和控制情结。因此，科层制的教学管理模式与慕课背景下的教学管理模式有着严重冲突，慕课突破了跨国界的校际界限，对封闭式的科层制教学管理提出了挑战。

（五）慕课对高校基于"专业"的教学管理范式提出了挑战

高校传统的教学管理范式是"专业管理"，这种管理的结果就是高校的教育资源被一个个专业分割，课程资源在同一学校甚至同一学院内都不能共享。专业管理范式下，以固定的课程组成明确口径的专业，形成一种固定的批量人才培养模式，这是与计划经济体制相适应的。专业管理的范式，导致各个专业的教学资源只为本专业服务，不能有效共享，学生被限制在一个固定的专业领域，转专业非常困难，不利于培养社会需要的复合型人才。在教育信息化和慕课的背景下，大量优质的课程资源在全球范围内共享，促进了学习方式和教学方式的改革，各个高校希望通过慕课平台来提高自己的影响力和知名度。基于专业的教学管理范式已不能适应慕课背景下的教学管理，高校需要构建适应慕课发展的课程管理范式，以实现复合型和多元化人才的培养。

（六）慕课对传统的教学模式提出了挑战

当前的教学模式反映的是工业革命时期的特点，为了提高标准化教学的效率，在生产流水线上使学生接受教育，教师在台上讲，学生在下面听。在这种传统的课堂教学模式下，所有的学生接受同样的教育。其缺点在于：学生的认识、能力、水平各有差异，有的学生学得快，有的学生学得慢，教师对一个概念解释多少遍，有的学生还是不能掌握，相反，当教师在课堂上不断重复地解释一个概念时，有的学生会感到厌烦。因此，慕课的到来对传统的教学模式带来了冲击，但是并不意味着慕课可以完全代替传统的课堂教学，慕课本身也有许多不足，只能作为传统课堂的补充。传统的课堂教学在创新思维、创新能力、批判思维、团队合作精神和意识、人文素养等方面具有慕课不可相比的优势。因此，如何实现慕课与传统课堂教学的无缝对接对高校的教学管理提出了挑战。

三、慕课背景下高校教学管理的创新策略

（一）积极推进慕课本土化，将在线教育纳入高校发展战略

在教育信息化的环境下，在线教育已经成为教育国际化的重要途径。高等学校要从战略上重视在线教育，将其纳入到学校长远发展的规划，抓住信息技术高速发展的机遇，以慕课为契机，大力发展在线教育。首先，借鉴国外先进的慕课经验，建立自己的慕课，推进慕课本土化。高校内部，制定相关政策，鼓励教师进行慕课建设，对教师开展培训，推动在线教育平台建设，为慕课建设提供技术支持，在本校慕课建设能力不足的情况下，可以结合学校和专业实际，引进适合自己学校人才培养目标的优质慕课。其次，高校应积极创造条件并和其他高校联盟，合作共建慕课平台，共享优质高校教育资源，建立区域性的高校联盟。目前高校区域联盟有上海交大等 C9 高校和一些 985 高校组建的"中国慕课联盟"等。建立高校慕课联盟，有利于制定统一的慕课标准和共享机制，缩小校际之间教育资源的差距，有助于推进教育国际化，提高教育质量。

（二）优化师资队伍，更新教学理念，建立新型的教学团队

信息技术的高速发展给高校教师带来了严峻的挑战，同时，也带来了难得的发展机遇。高校应加强教师队伍建设，采取各种措施，更新教学理念，对于在慕课建设和教学改革中出现的优秀教学成果，可以在职称评审、岗位聘任时作为重要的依据，引导教师将更多的精力用在教学上。以教学发展为中心，对教师开展培训。一方面，聘请相关专家和技术人员就慕课平台的建设和使用开展专题培训；另一方面，鼓励教师走出去，观摩学习国内外优秀的慕课课程，深入了解慕课，亲身学习完成一门慕课课程。慕课的建设，需要优秀的教学团队合作共建，高校要加强教学团队建设，推进教师分工和多元化发展，将教师的个体劳动向团队协作转变。在慕课背景下，教师要对自己的角色与职能进行调整，学生成为教学活动和课堂的中心，教师不再是单独的知识传授者，而是个性化学习的指导者和服务者，教师的职能和角色应朝向多元化、专业化方向转变。师资结构要适应慕课的发展，教师的个体角色向"三位一体"的专业化团队角色转变，主讲教师负责慕课视频的制作设计，辅导教师负责慕课的课堂教学活动的答疑讨论，助理教师负责线上的辅导和对数据材料的收集整理。新型的教学团队需要分工合作、各司其职，这样既提高了教学环节的专业化程度，也不会出现因工作量繁重而手忙脚乱的局面。

（三）建立、完善慕课发展的规范与标准，创新教学管理制度

标准化与规范化是慕课在高校顺利开展的基础与保障，高校教学管理部门要组织专家，尽快制定慕课环境下的教学管理制度，建立和完善慕课课程教学标准、课程运行标准、学分认证标准、工作量计算标准、教学评价标准、网络技术标准等。在慕课课程建设方面，不仅要重视慕课课程规模，更要重视质量建设，制定严格的课程认证标准，达到标准才能上线。对于上线的课程，要定期评估，对教学评价低、学生完成率低的课程要下线停开。制定适当的激励制度，一方面，激励教师积极地投入到慕课建设中；另一方面，引导学

生适应慕课的教学方式，调动学生学习的积极性，制定学习效果评价标准和学生诚信奖惩制度。通过大数据分析学生的学习过程和学习成绩，提出有针对性的指导和解决方案。可以尝试与学生签订诚信保证书，使学生承诺不在学习与考试中作弊，对于诚实守信的学生给予褒奖，对于违反诚信制度的给予开除学籍等严重处罚。在学分认证和学籍管理方面，高校要创新管理制度。上海市 19 所高校在 2014 年签订了慕课共享合作协议，学生通过网络选课，高校之间互认学分，并可以拿到外校的第二专业学位证书。这种学分互认的制度打破了高校之间的围墙，使得优质教育资源共享，加速了高校的学分制、学位、学籍管理制度改革。

（四）力争多主体参与，由科层管理转向共同治理

共同治理强调的是多元主体的共同管理，是一种协作、互动，而不是自上而下的管。高校的教学管理不在于控制与约束师生，而是激励与鼓舞师生。树立教学管理是服务师生的理念，发挥专业权力，发挥教授专家治教的作用，充分体现师生的主体地位，激发和引导师生共同参与到教学管理工作中来。对教师和学生给予决策、建议和监督的权利，发挥教师学生的反馈与评价作用，使教师、学生、教学管理部门之间相互监督、相互制约。要推动慕课的积极开展，仅靠单一的行政力量远远不够，要突破封闭式的管理，让利益相关者成为教学管理的主体，力争多元主体参与，主要包括校长、院系领导、教师、教学管理部门、学生、家长、社区等，积极创造机会，提高教师的领导能力，充分发挥校院两级教学指导委员会、学术委员会、教学督导委员会的教学管理与监督功能。

（五）建立"课程管理"的教学管理范式

建立新的教学管理方式，使"专业管理"向"课程管理"转变。在"课程管理"范式下，专业是课程的组织形式，教师通过组织课程，确定教学内容，学生通过选择课程，去获取一定的知识能力。高校应突破传统的"专业"内涵，以劳动力市场为导向，提供与社会需求、个人需求相适应的课程，学生根据自己的意愿选择合适的课程，确定自己的主修专业，从而完成高等教育的学习。"课程管理"的重心在于课程，高校可以建设不同类型、不同层次的教学内容和课程结构，不同的课程组合实现不同的专门化，从而打破专业的固化和静止。在慕课背景下，高校应该充分地利用慕课的优势和特点，积极开发建设本土化的优质慕课。在本校慕课建设能力不足的情况下，根据学校的人才培养方案和培养目标，引进适合本校学生的优质慕课。

（六）试点翻转课堂，创新混合式教学模式

慕课对传统的教学模式影响很大，但是也不能解决所有问题，更不能完全取代课堂教学，线上教育与线下教育相结合的混合式教学模式成为各大高校的探索方向。混合式教学模式就是将传统的课堂教学的优势和数字化教学的优势结合起来，这样，既能发挥教师的启发、引导教学过程的主导作用，也能体现学生作为学习主体的主动性、积极性。在混合式教学模式下，学生自己安排学习进度，自己决定学习的深度和内容，遇到疑问

可以通过线上向老师或者其他学习者求助，也可以通过课堂教学直接向老师求助。教师从重复性的讲课中解放出来，可有更多的时间和学生沟通、交流和互动。而学生从被动接受向主动学习转变，授课模式从传授式学习向探究式学习转变。

"翻转课堂"（Flipped Classroom）是混合式教学模式的主流形式。指的是把传统的教学模式"课堂教师讲课，课后学生作业"翻转为"课前学生自主学习，课堂教师答疑解惑"。具体的教学流程就是学生通过观看视频自主学习，查找资料完成练习，发现疑难问题，课堂上学生提出疑难问题，教师组织交流讨论，解决问题。翻转课堂聚焦于每一个需要帮助的学生，让能力各异的学生变得更加优秀，使真正的差异化教学成为可能。学生在观看视频时可以随时暂停，直到学会，不用再为跟不上教学进度而焦虑。翻转课堂使师生之间、学生之间的交流增加了，有助于建立积极互动的学习氛围。

第七节　基于教学学术的高校教学管理创新

教学学术概念一定程度破解了备受社会诟病的高校面临的难题，但是在我国高校，教学学术理念依然缺失、教学管理制度不够完善和灵活。因此，我们要树立教学学术理念，创新教学管理的体制机制，从而给教学提供应有的位置，使教学质量得到切实提高。

自20世纪90年代美国卡内基教学促进基金会主席厄内斯特·博耶（Ernest L.Boyer）提出"教学学术"的概念以来，在世界范围内掀起了关注教学学术、研究教学学术的热潮，在实践上一定程度地改变了部分高校忽视教学，或者不重视教学，或者科研冲击教学的做法。然而，尽管有国内学者的呼吁，也有敏锐的高校管理者的努力，但国内许多高校重科研、轻教学的倾向依然非常严重。多数教师把大部分时间和精力投入到科学研究中，较少考虑教学和教学学术等，偏离了大学的本真。因此，我们从教学学术的视角对教学管理中教学学术元素的缺失进行探讨，并提出创新教学管理的建议。

一、教学学术的内涵

面对纳税人对大学的不间断地责难，厄内斯特·博耶在20世纪90年代发表的《学术水平反思：教授工作的重点领域》报告中提出了教学学术的概念。他认为，大学学术主要包括四个方面：探究的学术、应用的学术、综合的学术和教学的学术。教学学术是关于把知识传授给学生的学术；教学首先是一种学术活动和一个能动过程，是维系老师和学生之间关系的桥梁。在一个好的教学过程中，老师既是知识传授者，也是新知识的学习者，他也很可能在此过程中得到一个创造性的发展。因此，把高等学校教学研究纳入学术范畴、成为教学学术是理所应当的。

教学学术概念的提出吸引了众多学者的目光。有的对教学学术作出行为描述，阐述教学学术这一行为的具体特征；有的对教学学术的构成作出分解，阐释教学学术的组合要素；有的对教学学术的概念作出整合，构建教学学术的系统模型。教学学术的概念因为争论而更加清晰，虽然各家仍有差异，但是都一致同意教学学术的共同特征：反思、交流、公开化。

高等学校教学的学术性是由教学的内在本质和特征所决定的。同时，高校发展的规律决定了教学在大学中也必然享有学术地位。高等学校教学的学术性决定了教学管理必须立足于教学，从理念到制度，从领导到普通管理人员的中心应该是教学。然而，现实并非尽如理想。

二、高校教学管理中教学学术缺失的现状

在当前许多高校教学管理中不同程度地存在这样或那样忽视教学学术的现象，特别是在管理理念、评价机制和激励机制等方面。

（一）管理理念的缺失

理念先行带动管理的成效。高校各级各类教学管理人员所秉持的管理理念将直接影响学校发展方向和管理成效。根据我们的调查，与国外相比，我国学者关于教学学术的理论研究仍不够成熟，主要以引介为主。如此，致使教学管理者在实践中缺乏教学学术理论支持。不少管理者偏狭地看待学术内涵，他们认为，只有生产知识才称得上学术研究，把学术视为发表学术论文与出版学术专著，将传播知识的教学未列入学术范围。故此，他们就不可能把教学上升到学术的层面进行探讨，而是把大学教学仅仅当作肤浅的技能。同时，为数颇多的高校管理者未能清楚地区分学科学术与教学学术之间的差异，从而采取相同的管理方式、方法对两种具有较大差异性的活动进行管理，不重视教学学术规律的独特性。认识的偏差使管理者在开展教学管理工作时缺乏教学学术理念的指导，忽视热衷于教学的教师在教学上所做的努力和贡献，他们的水平与成果得不到合理而公正的承认和评价。从而导致那些潜心钻研教学、全身心地投入教学的教师缺少成就感，进而影响到工作的积极性，影响高等学校的教学质量。

（二）缺乏质量意识

根据我们的调查结果，许多高校教师教学质量意识缺乏。他们大多数人以上课多少的课时量来看待教学工作，较少关注教学效果，教学质量被忽视。高校管理人员考核教师的指标以具体可测的论文篇数、著作多少和课题级别等指标为主。至于教学，也是看课时量的多寡。对于质量缺少相应的可以测量的指标体系。长期以来，教学工作的重要性停留在口头上和文件中，具体落实效果不甚理想。如此，造成教学管理人员不重视教学质量，不关注教学质量；教师不关注教学，不研究教学。教学工作中心地位被忽视，教学工作被表面重视而实际上被边缘化。

（三）评价机制缺乏灵活性

目前，我国多数高校对教学工作重要性的认识仍旧停留在文件中和口头上，对教学工作的成绩承认不足，对教学工作的考核采取对教学工作量分解的方法，缺乏具体的、

有效的、可操作的方法。通过我们的调查发现：几乎所有高校的教师晋升主要是依据科研成果。尽管每所高校都会定期考核科研成果与教学成果，但其中科研成果所占权重远远超越教学成果。当前，科研成果的多少与质量是教师晋升的主要依据。这一规定涉及教师的切身利益，很容易导致一部分教师重点关注各自的专业领域，产生错误的科研决定论，误认为学术上的成就可以替代教学的成就，科研好教学质量就高。还会导致一些教师把目光盯在出论著、发论文上，对教学投入较少。教师的教学质量与研究相比其他科研来说难以量化评价，即使涉及教学工作也是最容易满足的条件。尽管部分高校出台教学岗位职称晋升办法，但是其条件也是以可以量化的诸如教学比赛获奖等级等为主要指标，许多全身心投入教学、教学效果好的教师很少有机会获奖。这大概就是周鼎现象产生的根源。如此僵化的评价机制，忽视了教学的中心地位，忽视了教学的学术性。

（四）激励机制缺失

在多数高校，教师不重视教学的原因还在于对教师的激励机制缺失。教学中心地位的突出，需要全校上下都重视教学，日常的行为围绕着教学。管理人员服务教学，教师重视教学学术，关注教学问题。但是，学校缺乏对教师出色的教学艺术、教学方法和教学成效的欣赏、承认、关心和高度的评价，亦即对教师教学的激励不足。许多高校正在执行的教师绩效考核与教学质量关系不大，教学效果好坏对考核结果影响不大。如此便导致教师教学学术发展缺乏外在的来自组织的动力，从而造成教学质量下滑。

（五）约束机制乏力

除了激励机制缺失之外，许多高校对于教师的教学行为约束不足是造成教学质量下滑的另一原因。约束机制是为规范组织成员行为，便于组织有序运转，充分发挥其作用而经法定程序制定和颁布执行的具有规范性要求、标准的规章制度和手段的总称。虽然各高校都有相应的教学管理的约束机制，但执行起来往往不到位，显得乏力。各高校对于备课、教学纪律、教学方法、教学考核等都有具体要求，但是对于不认真履行职责的教师特别是科研能力强、科研成果多而不能履行教学职责的教师往往不按照制度执行。

三、以教学学术引导高校教学管理创新

为了促进高校教学质量的提高，回归大学本位，我们从教学学术的视角分析了教学管理中存在的不足，有针对性地提出以下对策以促进教学管理的创新。

（一）树立教学学术的教学管理理念

教学学术不单单是一种理论，更是一种理念。为了实现教学管理工作的创新，高校内部各级教学管理人员要树立教学学术理念，用教学学术统领教学管理工作。首先，要充分认识教学的学术性。教学管理者要认真学习教学学术理论，充分理清教学学术的意义、内涵、作用和运行规律，将教学学术放在与知识生产的学术同等重要的位置。其次，关注教学学术，把对于教师在教学学术方面的期望通过制度融合到他们的工作中，营造敏于观察教学现象、善于研究教学问题、勇于发表教学见解的氛围。同时，要制定教学

学术制度，规范教师教学行为，激励教学成就，搭建教师教学学术发展的平台。

（二）构建教学学术主导的评价机制

教学中心地位的突出很大程度上取决于评价机制的有效促进。在教学学术日益凸显其价值的今天，应该构建以教学学术为主导的评价机制，加大教学学术在绩效考核体系中的权重，有针对性地对教学工作作出评价。首先，制定突出教学中心地位的评价指标体系。把教师对教学内容的选择与创新，教学方法的灵活运用，教师之间互相交流与合作，教学的反思与研究等纳入教学评价中。其次，要建立同行评价机制。同行专家在专业领域具有权威性，更能够理解教学学术的意义，掌握着本专业教学的规律和评价标准，他们的评价往往让其他教师接受，他们的肯定会使其他教师在精神上得到满足，从而调动其教学积极性，促进其教学学术水平的进一步提高。

（三）促进教学管理制度的系统化

在实际的教学管理中，制度完善和系统化是突出教学中心地位的关键所在。因此，我们应该以教学学术为主导，进一步完善教学准入制度、教学研究制度、教学交流与表达制度、教学质量管理制度、教学改革制度、教学反思制度、教学档案管理制度、教学经费投入与使用制度等。教学准入制度的完善将会改变过去的高校教师资格门槛过低的情况。通过准入制度可以对教师的学历、学位作出更高的规定，同时可以制定退出机制，从而保障从事教学的教师的教学水平。在教学质量管理制度方面，要构建教学信息获取机制，全方位、多渠道地了解教学实际，从而能够对教学质量作出准确的合理评价，真正保障教学质量。教学档案管理制度将为教学评价提供真实可靠的依据，为教师教学学术水平的发展和提高提供参考。

凡此种种，教学管理制度的制定务必要围绕教学学术来完成，每一种制度的制定和完善要与其他制度相协调、不冲突，才能发挥管理制度的整体功能，从而保障教师教学学术的发展得到保证。如果各种制度之间缺乏协调各自独立或者各种规则出现矛盾，那将失去教学管理制度保障教学学术正常发展运行的功能。因此，各类教学管理制度要系统化，互相组合成为整体。

（四）构建教学学术主导的激励和约束机制

激励约束是主体根据组织目标、人的行为规律，通过各种方式，去激发人的动力，使人有一股内在的动力和要求，迸发出积极性、主动性和创造性，同时规范人的行为，使人的发展朝着激励主体所期望的目标前进的过程。在多数高校的教学管理制度中，激励和约束机制行政化程度过高，激励不到位而约束失位。以教学学术为主导的激励和约束机制应该平衡激励和约束的关系，使其相得益彰。就激励机制而言，高校应该以教学学术为中心设立奖项，激励教师探索教学、研究教学。例如，可以设置基于同行专家评价的教学成果奖、教学创新奖，并将这些奖励纳入教师晋级之中。同时，建立教师发表机制，鼓励教师公开教学成果。高校应该为教师教学学术发展搭建平台，让教师在一定范围内公开发表教学见解、交流教学经验、彼此评价教学效果等，从而使教学的学术地位得到承认，使教师在一定范围内得到赏识，从而树立信心，促其教学学术水平得到提高。

然而，仅有激励不足以充分发挥教师的教学学术水平，还必须建立有效的约束机制。高校可以建立多层次的教学质量监控体系来规约部分教师的不良教学行为，使教师能够按照制度要求规范各自行为，认真履行职责，确保教学质量，改变教师"重研轻教"的倾向。而且，约束机制要宽严适度，既有规则又具有灵活性。

激励和约束机制是一体两面，缺一不可。因此，为了充分调动教师的积极性，使其发挥教学潜能，既要以各种激励措施激发教师从事教学的主动性，还要通过约束机制规范教师不良教学行为。两者互相依存，缺一不可。因此，我们要平衡两者之间的关系，使其相得益彰。

一言以蔽之，教学管理的创新必须有教学学术来主导，围绕着教学完善制度，建构机制，贯彻有效措施，平衡各种关系，才能真正提高教学质量，回归大学本位，办让人民满意的教育。

第八节　基于知识管理的高校教学管理创新

高校教学管理是高校管理的核心，知识管理是伴随着知识经济应运而生的一种新型管理理论。本节以知识管理与教学管理创新相结合为基本点，对知识管理与高校教学管理创新相结合的实现途径进行阐述，旨在使高校重视和运用知识管理，推进教学管理创新步伐，以增强高校自身的竞争力。

一、高校教学管理的现状、内容及价值链构成

高校教学管理的现状。长期以来，高校为谋求自身发展，在教学管理方面均采取了相应的改革措施，使教师在专业技能、教学质量以及学生的学习方法、成绩测定等方面有了很大的改进和提高。虽然如此，高校教学管理还存在许多不尽如人意的地方。例如，教师显性知识获取的积极性不高；教师缺乏学习和知识共享的气氛；教学管理环节多且管理混乱，管理效率低下；教学管理中违背教学规律等现象比较突出；学生缺乏学习知识的积极性，不但理论知识学习掌握不够，且实践能力和适应社会发展的创新能力低下等。

高校教学管理的内容及价值链构成。高校教学管理是由两个紧密联系的价值链条构成的，一是教师管理及教学效果评价价值链；二是学生学习及创新能力培养效果评价价值链。两个价值链条相互依存、相互影响。

从以上价值链的构成看，在整个教学管理中，不论是对教师或是对学生的管理，其内容不仅构成了一个完整的、复杂的系统工程，而且每一个方面都表现为知识的存在和知识的运用。

二、高校教学管理创新中实施知识管理的必要性

知识管理是高校教学管理创新工作自身发展的需要。高校只有通过教学管理创新，才能使知识的传授在学校与教师、教师与教师、学校与学生及教师与学生之间有机地联系起来，创造出一种教师和学生所拥有的显性知识和隐性知识互动的机制和平台，特别是教师将创造出的新知识传授给学生，以最大限度地满足社会发展的需要，这正是高校能得以生存发展的根本。

科学的知识管理模式能使高校教学管理创新工作实现有效管理。高校教学为适应培养复合型人才的需要，必须引入知识管理模式，采用现代技术手段和管理方法对教学过程实施有效管理。高校教学管理中成功实施知识管理，可以充分地激活人与其所拥有的知识这两大管理要素，可以使教师所拥有的知识得以最充分的运用，并对其进行更加合理的组合，其中对人的"智力—教师"这一核心要素的挖掘最为关键。

推进知识管理是高校自身特点的要求。高校智力和人才、研究开发能力、创新能力等与企业存在差别而有其自身的特点，而高校的发展需要充分发挥智力资本和人才优势，提高研发和创新能力，这在客观上决定了高校教学管理创新中知识管理的紧迫性。

三、知识管理与高校教学管理创新的关系

知识管理为高校教学管理创新提供基本理论支持。从上述教学管理价值链构成要素看，对教学管理整个链条的战略谋划，每一个环节的组织协调，前瞻性或创新性知识的获取及传授，教师实践能力的提高及学生实践能力的培养及教学效果的评价等都需要以全面、系统、科学的理论为依据。教学管理战略是在通过知识管理对来自学校所需人才信息进行深入分析的基础上、对复杂多变市场环境的把握上，对人才培养面临的机遇和挑战作出灵敏反应，以准确预测市场发展变化趋势，从而使教师所获取和传授的知识符合市场发展的要求。知识传授与学习过程不仅需要教师有丰富的、创新性的知识，而且还需要借助现代化的硬件设备。而实践能力则是为适应市场经济的要求培养应用型人才的客观需要。评价是对教师教学质量、效果，学生学习及接受程度所进行的综合性测试和总结。

知识管理为教学管理创新提供人才资源保障。教学管理创新是通过人来实现的，高校不论是教学管理人员还是教师，其本身就是由有知识的人组成的整体，关键问题是如何发挥人才的作用。因为"人"只是知识、智慧的载体，通过知识管理，可针对性地引进并培养高素质的教学管理人才，以强化教学管理创新的战略决策能力，并通过建立教学管理创新运作机制和完善各项管理制度，充分调动教学管理人才在教学管理方面创新的积极性，以增强高校的核心竞争力。

知识管理促进教学管理创新中知识的共享，提升高校核心竞争力。知识共享的程度越高，给教学带来的利益就越多，但知识还具有高度分散性和隐蔽性，故对知识的共享形成了障碍，使得高校教师出于自利和竞争的需要而对知识采取垄断的态度，从而阻碍

了知识的传播和扩散，这导致教师不愿将自己的知识分享给同行或将自己的内隐知识传授给学生。而高校知识管理的实施，就是在知识拥有和知识应用之间架起一座桥梁，疏通知识转化渠道，不断提高知识共享程度，以加快教学管理创新的步伐。

知识管理提升教学管理创新能力。知识管理的最终目的是支持高校教学管理的创新、创意，形成新的管理创新思想和新的管理理念。通过知识管理活动，充分利用知识、内化知识、创造知识、传授知识及运用知识，使创新思想变为现实，不但增强了高校自身的竞争力，同时也使得高校核心竞争力的价值最终得以实现。

知识管理为教学管理创新营造文化氛围。由于教学管理创新过程需要进行必要的监督，通过知识管理，营造出高校内部教学各单位的协调统一，决策者对学生的关心、支持和帮助，健全完善的规章制度的控制、鼓励教师具有进取和冒险、以绩效决定工资报酬和晋升以及失败宽容等内容在内的文化氛围，不仅降低监督成本，而且可以向教师和学生提供一种无处不在的自律监督力量，以此来加快高校教学管理创新的步伐。

教学管理创新是组织知识转化为教学管理创新思想的实践。教学管理创新思想的形成，不是凭空出现的，而是教学管理人员经过知识管理过程，将有用信息转化为教学管理创新理念以后，才进一步将该理念转化为教学管理创新的新思想，从而形成教学管理创新的前提。

随着市场经济的不断发展，高校面临的竞争日趋加剧，这种竞争实质上是人才的竞争，能否抓住高素质的人才，将直接关系到高校的成败。然而，高校人才流失已经成为一种普遍现象，特别是一些规模小、历史短或处在欠发达地区的高校，这已成为制约部分高校发展的一大因素。教学管理创新实施知识管理，将有助于高校更加重视高素质创新人才机制的健全和完善，造就一支能适应市场竞争的高校人才队伍，以满足市场对人才培养和创新技术的需要。

教学管理创新过程是知识管理方法论的运用。教学管理创新思想的形成，仅仅是知识管理开始实践的第一步，为达到预期的目标，还必须进行创新决策、创新实施等环节。因此，教学管理创新过程是知识管理形成的创新思想价值在这一环节的实现。一方面，教学管理创新使技术创新思想成为一种现实；另一方面，是知识管理过程中形成的系统、全面的组织专业知识在教学管理创新中得到了运用。

人才培养素质的提高是教学管理创新中知识管理的结晶。知识管理的最终目的是提高人才培养的综合素质，除人才培养本身质量外，重要的是在教学管理创新过程中知识管理实施所培养的人才在社会实践中得到检验。因此，人才培养的社会化过程，实际上就是知识管理理论和方法的实践的延长，这一过程不仅检验了理论的可行性，也充分体现了知识管理与教学管理创新的价值。

四、知识管理与教学管理创新相结合的实现途径

重视知识管理对教学管理创新的作用。教学管理创新是在高校内部经过整合了的知

识和技能，通过协调和整合教学管理人员、教师的知识和技能，使其发挥最大成效是高校的生存之本。而这种协调和整合需要有高校文化的长期牵引、激励约束机制的内部动力和科学规范管理的推动，只有当这三者达到最佳结合时，才能使高校的教学管理创新得以实现，而结合的最佳手段和方法则是通过知识管理的实施。通过知识管理所建立起来的高校文化、激励约束机制及科学规范的管理制度，才能将涉及影响教学管理创新的各个因素整合起来，形成整体和系统优势。

搭建知识管理平台，为教学管理创新提供基础保障。高校教学管理创新是一项长期、复杂的系统工程，因此，必须搭建知识管理平台，通过对知识的获取、分析、储存、共享、利用及评价等工作的开展，为教学管理创新提供基础保障。一是进行知识交流与共享的宣传。通过知识交流与共享的宣传，使教师逐渐形成自觉、主动地参与到知识的交流与共享中。二是建立知识网络和创造适宜的环境。主要是将蕴藏在教师个人头脑中的知识同市场信息结合起来，以保证教学管理创新活动的不断进行。三是建立不断进行知识创新的驱动机制。随着高校面对的市场竞争更加激烈，高校拥有领先一步的管理、质量就成了制胜的关键。因此，创造适宜的条件和环境，充分开发和利用高校的知识资源，进行以教学管理创新，提高教学质量，培养更加符合市场经济要求的人才为目的知识管理，是高校发展中的一项重要内容。

强化高校的战略决策能力。高校教学管理创新是依据自身的发展战略进行的，而高校的战略决策能力直接影响着教学管理创新。利用知识管理平台，提高对高校人才培养市场信息的收集和分析能力，明确自己的战略定位，明白应该追求什么和放弃什么，并根据高校发展的不同阶段，不断地适时和调整战略决策，在保证战略决策能力的有效性和独特性的同时，使教学管理创新长期处在动态之中。

构建高校专业发展的核心力量。高校专业发展的核心力量有存量和流量之分。核心力量的存量是高校专业发展的储备水平，是核心专业发展的基础；核心力量的流量是指专业发展的创新能力。利用知识管理平台，提高高校专业发展核心力量的储备水平及专业发展创新能力，保证高校专业发展存量的增加，使高校自身逐渐形成专业发展的核心力量。世界许多知名高校之所以能够生命力旺盛、经久不衰，关键的一点就是其通过持续的研究、创新，不断打造专业发展的核心力量，特别是教学管理方面的创新，使其不断地培养出高素质的人才，并不断地进行知识及管理经验的积累和创新，从而不断地加强自身发展的核心竞争力，使其长久立于不败之地。

形成独特的高校文化。高校文化是高校的观念知识和组织知识合成的知识系统，是高校运作理念和核心价值观的体现。如同人一样，一个人最让别人折服的是其个人魅力，高校文化是高校核心竞争力中最有魅力的部分。我国乃至世界上很多高校长期处于低水平运作的原因，是高校自身文化建设上的不成功或根本上是失败的，文化失败失去了凝聚教师的力量。在许多高校热衷于复制其他高校甚至国外高校教学管理经验甚至进行人才挖掘时，文化就成了高校长期健康发展的不竭动力。

知识管理为高校教学管理创新奠定了理论和方法论基础，教学管理创新为知识管理价值提供了实现过程。因此，两者处在一个统一体中，这使得高校在实施知识管理的同时，必须结合教学管理创新的实践，使知识管理的理论与方法真正达到与教学管理创新实践的紧密结合，以知识管理助推教学管理创新步伐，使高校在持续不断的教学管理创新中得到更好、更快地发展。

第四章　现代图书馆管理

我国图书馆事业有着悠久的历史，早在公元前 3000 多年就出现了最早的图书馆。在漫长的岁月里，有关图书馆的管理，经历了不同的阶段。直到 20 世纪初，因为整个社会的变革、中西文化的碰撞和交融，我国图书馆管理才由以藏为主的藏书楼管理体制，改为以用为主的管理体制。而随着信息化时代的到来，传统的图书馆发生了巨大的变化，图书馆的现代化建设正从自动化管理向信息化、数字化、网络化、虚拟化的管理方向发展。

第一节　现代图书馆的管理理论

随着信息化时代的到来，现代图书馆的作用日渐彰显。然而，由于一些图书馆存在着管理理念落后、管理手段粗疏的缺点，致使图书馆界整体管理水平相对低下，现代图书馆的管理效能不能充分发挥，离社会对图书馆的要求和图书馆自身所能够发挥的作用相距甚远。同时，当今的图书馆管理研究，还存在着理论储备不足的缺陷，大多数研究仅局限于就现象谈现象，缺乏理论深度。本节力图通过评析管理理论，从中寻求适合图书馆发展运作的管理理论，为现代图书馆管理理论研究提供借鉴参考。

一、近代以来主要管理理论概述

管理就是通过和依靠正式组织团体中的人们去完成任务。通过建立一个环境，对组织的任务进行编组，使人们能够通过个人的工作和集体的合作来达到既定目标。

（一）系统管理理论

这种理论流行于 20 世纪中期，代表人物是美国管理学者切斯特·巴纳德。他认为，组织是一组相互联系和相互制约的要素，并按一定方式形成的整体。组织要想达到它的目标，各组成要素要围绕组织目标开展活动，管理者要对各种要素加以协调，确保组织目标的实现。

（二）决策管理理论

决策管理理论的代表人物是赫伯特·A.西蒙，他特别强调决策在管理中的作用，甚至将决策等同于管理，认为决策工作贯穿于管理工作的始终，并且最优决策的状态是无法达到的，只要能够作出足够的决策就可以了。

（三）权变管理理论

权变管理理论是20世纪70年代形成的，也称为情境方法，是通过具体问题具体分析，找出解决问题的方法。权变管理理论否认存在最佳的管理方法，认为方法的应用要根据环境的客观情况，因地制宜，采取不同的管理方法。权变管理理论重视对组织内部条件和外部环境的分析，环境的不确定性程度影响着管理过程。

（四）管理科学理论

这种理论也称为运筹学或定量方法，主要是利用大量的应用数学、统计学、计量学等定量研究工具，通过建立模型，寻求问题的最佳解决方法。定量方法的影响程度有限，主要是因为这种方法掌握起来有一定难度，许多管理者不熟悉数量工具，很多问题又很难通过量化指标来评价，同时，行为变量过多，也难以确定。

（五）战略管理与竞争战略管理理论

战略思想应用于企业管理是从20世纪50年代开始，60年代后进入高潮，到70年代，战略管理形成一门独立的学科。战略管理主要研究的是组织整体发展规划的问题，侧重于回答组织在竞争环境中如何适应环境的变化，如何树立竞争优势的问题，为组织的发展指明道路。

（六）知识管理理论

知识管理的理论与实践源于20世纪80年代初期，80年代末逐渐兴起，许多知识管理的项目开始实施，有关论文和著作纷纷涌现。知识管理就是通过把组织的信息处理能力、组织成员的创新能力、组织的文化和制度结合起来，提高组织的核心竞争力，增强组织对环境的适应能力。知识管理的一个重要方面就是建立学习型组织，学习型组织的核心在于通过解决问题和提升员工的学习能力来获得和保持竞争优势。

二、图书馆管理理论的发展

黄宗忠认为，管理是一种生产力，是联系图书馆各要素之间的纽带。他把图书馆管理定义为计划、组织、指挥、控制、协调图书馆工作中的人力、物力、财力的合理运动，达到以最少的消耗来实现图书馆的既定目标，取得最好的效果，最终完成图书馆任务的过程。图书馆管理学是一门综合性的应用学科，具有整体性、联系性、有序性、均衡性和目的性的特点，以图书馆系统的管理活动为研究对象。

（一）图书馆的经验管理

图书馆经验管理自中华人民共和国成立之初到20世纪90年代一直占主要地位，实践证明，这种管理体制存在一定的欠缺。图书馆的经验管理就是凭个人或群体过去的实践所获得的知识与技能进行管理，既不考虑社会的发展与变化，也不考虑创新，过去怎样做，今天仍怎样做。

图书馆经验管理主要有三种表现：1.凭单位过去的经验管理；2.凭领导个人的经验

管理，领导来自哪个行业，就用哪个行业的方法管理图书馆；3. 凭图书馆馆员的经验进行管理。主要形式是以老带新，代代相传。从这些表现可以看出，在不否认人类宝贵经验的基础上，单纯的经验管理存在很多问题，如管理体制不健全、工作效率低、管理目标模糊、管理方法手段落后，等等。虽然在经验管理下的图书馆也取得了一定发展，但多是量的扩大，少有质的提升。

（二）图书馆的目标管理

图书馆目标管理的主张是建立在管理过程学派、经验主义学派、行为学派、社会系统学派、决策理论学派、数学学派等许多理论家或思想学派对基本管理理论和实践所做的贡献的基础之上的，沃伦·B.希克斯认为，目标管理理论是一种最适合于当今图书馆特点的理论，因为目标管理理论确实吸取了各种管理理论系统的不同部分，并将其结合起来而得到发展。

在目标管理中，目标被认为是一个要达到的条件，或者是一个为实现现代图书馆利用多载体资源这一理想必须具备的条件，任何一个特定的现代图书馆，其目标都应把所有管理部门试图提出的条件包括进去。图书馆目标管理兴起于 20 世纪 80 年代末，但没有形成较大的影响，持续时间也不够长。因为目标毕竟不够稳定，会随着社会和科学技术的发展而不断更改，这不利于工作的连续性，有时可能造成管理上的脱节。

（三）图书馆的权变管理

权变管理理论是 20 世纪 70 年代在美国兴起的，黄宗忠先生在文献中建议将权变管理理论应用于图书馆管理中，使图书馆管理的思想、方法、方式等与变革的社会环境相适应。因为图书馆管理是一个动态的过程，要与图书馆的特定外部环境，如出版发行部门、读者、竞争者等的变化活动相适应，并适时采取相应的管理对策。

权变管理理论应用于图书馆的管理思想上，可以解放图书馆管理观念，建立辩证管理、立体管理、应变管理、扬弃管理、实事求是管理的思想。权变管理理论应用于图书馆人事管理上，应把握好四点，即馆员的需求、管理的方式、馆员的素质和对馆员的激励。权变管理理论在图书馆组织结构方面的应用主要包括以下三项内容：1. 权变组织观的最终目的在于提出最适宜于具体情况的组织结构设计和组织管理行动；2. 根据不同国情、馆情，设计和选择适宜的组织结构；3. 组织结构的变革要重视实验。此外，权变管理理论还可以应用于图书馆领导方式上。由于图书馆所处的外部特定环境是不受图书馆直接控制的，所以，权变管理理论对图书馆管理来说过于复杂，也没有得到广泛应用。

三、现代图书馆管理理论的创新

（一）学习型组织理论

学习型组织（Learning Organization）理论是 20 世纪 90 年代以来在管理理论和实践中发展起来的一种全新的管理理念，是知识经济时代、信息社会的产物。学习型组织理论的创始人美国著名管理学家彼德·圣吉给其理论下的定义为：通过培养弥漫于整个组织的学习气氛，充分发挥员工的创造性思维而建立起来的一种有机的、高度柔性的、扁平的、符合人性的、能持续发展的组织。这种组织具有持续学习的能力，具有高于个人绩效总和的综合绩效。

学习型组织理论之所以能应用在图书馆管理中，是因为学习型组织与图书馆有许多相似的地方，最显著的表现在两方面：1. 学习型组织与图书馆均重视人的因素；2. 学习型组织与图书馆都是知识型的组织。学习型组织的理论主要体现在彼得·圣吉提出的"五项修炼"，强调知识的重要性、个人的潜能、合作与共享的意识、团体的创新精神等。作为一整套管理模式来看，它主要包括管理目标、管理者与被管理者的关系、管理方式、管理技术、管理文化等管理的诸多方面，隐含着以人为本、知识共享、自我超越等管理价值观，因而是一种宏观管理理论。它不但适用于企业管理，而且适用于所有组织，包括图书馆组织。

图书馆作为信息和知识的集散地，是进行知识的生产和传递的知识型组织，而学习型组织是通过学习，熟练地创造、获取和传递知识的组织，同时，也善于修正自己的行为，以适应新的知识和见解。图书馆的工作性质和学习型组织的学习目标是一致的，"工作与学习融为一体"，可以直接影响工作绩效的提高，因而，图书馆更应该称为学习型组织。

（二）人本管理理论

所谓人本管理，就是以人为本的管理。管理的本质在于激励、引导人们去实现预定的目标；应当把人视为管理的主要对象和组织最重要的资源，全面开发人力资源；根据人的思想和行为规律，运用各种激励手段，充分调动人的积极性，发挥人的创造性，从而使组织活力不断增强。

人本管理理论是现代比较流行的一种管理理论，根据图书馆自身的特点，比较适合应用这一管理理论。主要有以下三点：

1. 图书馆是以人为主体组成的。图书馆没有人的运作，再好的设备也不能正常发挥其功能。

2. 图书馆是依靠人进行管理活动的。图书馆的各项管理环节均需要人去调控，人始终居于中心地位，发挥主导作用。

3. 图书馆最重要的资源是人才。对人才的合理配置是图书馆管理始终追求的目标。

图书馆人本管理是指在研究馆员心理和行为的基础上采用非强制性方式，在馆员心中产生一种潜在的说服力，从而把组织意志通过激励、互补、协调、软控制变为馆员自觉的行动，目的在于通过对馆员有效地激励；通过对图书馆工作环境的改善、和谐工作氛围的营造；通过对馆员进行分层次、有针对性地培训和教育；通过对馆员真诚地尊重、充分地信任，最大限度地调动馆员工作的主动性、积极性和创造性，从而促进馆员自身全面自由的发展，以达到图书馆各方面工作的全面提升。美国图书馆学家施蒂格指出："人本价值观念是图书馆职业的核心。"著名的图书馆学家谢拉更是明确主张"图书馆学始于人本主义"。实践研究证明，图书馆因读者对信息的需求而存在，因馆员勤奋而努力的工作而发展，人是图书馆存在的基础和发展的动力，实施人本管理是图书馆发展的必然选择。

第二节 图书馆的质量管理

在信息化和市场经济日益完善的社会中，社会、个体对图书馆的服务水平和能力提出了更高的要求。人们获取所需知识和信息的途径是自由而多样的。因此，假如图书馆继续沿用传统的质量管理理念和服务方式，必然会导致图书馆读者的大量流失，就会缩小图书馆的服务领域，极大地削弱图书馆存在的社会价值。

一、图书馆全面质量管理的含义

全面质量管理（TQM）起源于美国。它原是企业界的一种管理思想和管理实践，它是以人为本的管理模式，强调全过程、全部门和全员的质量管理。从20世纪80年代开始，一些图书馆开始引进TQM模式。当今，作为一种新的有效管理模式，TQM已经得到国内外图书馆学者的广泛认同。

图书馆全面质量管理是指图书馆为保障和提高服务质量，动员各部门和全体员工，综合运用管理技术、专业技术、思想教育、经济手段和科学方法，建立健全服务质量保证体系，对服务的全过程实行有效控制，从而开发、设计、生产和提供用户满意的产品和服务，做到最好质量、最低消耗、最优生产和最佳服务，最终实现不断地提高服务质量的目标。

图书馆全面质量管理的主要内容是：其一，全面的质量概念，是指服务的质量是由工作质量、工序质量、信息质量、人员质量、系统质量、目标质量等构成的；其二，全过程的质量管理，是指图书馆质量管理要从图书馆的业务流程、工作环节、服务方式和手段、服务理念等不同层次彻底解决图书馆的质量问题；其三，全员参加，就是从图书馆高层领导者到一般员工都参加到质量管理工作中来，都要有强烈的质量意识，把提供高质量的产品和服务作为自己的职责，认识到只有每个人都保持工作的高质量，整个图书馆才能以高质量的形象出现在读者面前。这就要求图书馆全体员工树立"服务质量，人人有责"的意识，营造一个人人关心服务质量、人人为服务质量负责的良好环境。

二、实施质量管理的条件

（一）树立质量意识

在信息时代，所有的图书馆工作人员都要树立质量意识，认识到质量是成功实施全面质量管理的前提保证。图书馆工作人员的质量意识是促进服务质量提高的重要思想基础，有了强烈的质量意识，就会有强烈的工作责任感，就不会忘记自己的职业道德，就会干出一流的工作。质量意识淡薄，提高服务质量也就成为一句空话。近年来，图书馆重藏轻用的观念已经有所转变，现代图书馆越来越提倡将读者放在各项工作的第一位。而读者最为重视的是当他们来到图书馆，将会得到怎样的信息产品和信息服务的问题。树立"质量第一"的观念也就是从读者的角度出发，为读者提供优质、快捷的产品和服务。同时，还要为他们降低成本。因此，"质量第一"的观念从根本上来说也就是"读者第一"的观念。

图书馆"质量第一"观念的树立必须与图书馆的组织文化相一致。图书馆的组织文化是从组织的整体出发考虑的，而质量文化是组织文化的一部分，它强调的是全面质量管理，侧重于提高信息时代图书馆全体人员的质量意识、质量观念和质量管理技法。提高图书馆信息产品和信息服务的质量，最终是靠全体人员的工作来实现的，没有他们的参与，没有他们的积极性、主动性和创造性，质量是无法得到保证的。

（二）加强对读者的指导

读者服务工作是图书馆全部工作的出发点和归宿，为读者提供高质量的文献信息服务是图书馆的根本宗旨。因为并不是所有读者都知道如何正确、有效地利用图书馆中的各种资源、技术和设备。这就要求图书馆要通过多种途径对用户进行辅导，以提高和增强他们利用图书馆的能力。

导读是图书馆员的基本且重要的任务之一，导读效果的好坏直接反映出图书馆员的素质及技能的高低。图书馆员只有加强导读技能的训练，才能为读者提供高质量的服务。导读工作是指通过图书馆员的努力，利用特定的条件与手段提高读者阅读效率的过程。它主要包括指导读者利用图书馆、使用图书目录、利用工具书等方面。

（三）建立完善的质量管理制度

没有一定的质量规章制度和质量运行规范进行制约和控制，服务活动就不能科学、合理、高效地运转。服务质量管理制度并不在于多少，关键在于是否科学、适用，符合实际，便于操作。质量管理制度要具有权威性和稳定性，一旦确定则不能随意更改。在制定质量管理制度时，既要明确图书馆整体服务的质量目标，还应规定出适应的具体质量标准。鉴于图书馆工作的复杂性和多样性，对服务成绩、服务效果、用户满意率等不仅要有定量指标，同时也要辅之以定性指标。对服务过程中的每一环节，要规定其质量职责和权限。使人人都清楚在自己的岗位上应该干什么、怎么干，应该达到什么样的质量标准。

（四）建立奖励机制

将图书馆的绩效考核与奖励有机地结合在一起，能够增强馆员的成就感，同时也可以提高他们的工作积极性，不失为现阶段提高图书馆服务质量的一种有效方法。

奖励是以"以人为本"理念为基础，以人为重心的管理活动，追求管理活动的人性化。机制是人的行为的理性层面，它追求管理活动的制度化。所以，科学的奖励机制是以制度化为基础、以人为中心的人力资源管理。

奖励机制有很强的激励作用：一是集合诱导作用，可以调动馆员的积极性；二是行为导向作用，指图书馆期望馆员所要努力的方向和行为方式；三是行为幅度控制作用，指诱导因素在激发馆员行为强度上的控制；四是行为时空导向作用，期望行为在一定时期和范围内发生并具有一定的连续性，防止馆员的短期行为。

三、质量管理的意义

（一）满足用户不断的需求

读者是图书馆产生、存在和发展的根本。可以说，没有读者就不会有图书馆，读者是图书馆的最终评价者。随着经济的高速发展，用户对图书馆服务提出了越来越高的要求。图书馆只有提供高效、高质量的服务，不断改进服务质量，以质量求生存、以质量求发展，才能使自己得到更大的发展空间，获得更多用户的满意与认可。因此，图书馆要根据读者的需要找出自己的不足之处，确定新的质量管理方针和质量管理目标，尽可能地满足读者的需求。对于某一读者的某一需求而言，图书馆的服务是一次性的，这就要求图书馆员必须一次性服务成功；否则，会使读者对图书馆产生不信任感，从而放弃使用图书馆。要确保馆员能一次性服务成功，实施全面质量管理，建立质量管理体系则是重要的保证措施之一。

（二）推进图书馆工作的规范化

北京图书馆于 1987 年制定的《北京图书馆业务工作规范》在当时对我国各类图书馆工作的规范化起到了积极的促进作用。建立图书馆全面质量管理体系，可通过确定组织机构与职责、岗位工作指导书等，明确各项工作的程序及其控制的原则与方法，明确各个工作岗位的具体工作流程与行为规范，从而增强图书馆工作的个体规范性。这种做法的深入与推广，不仅会逐渐提高广大图书馆工作者的工作规范化意识，而且将加速整个图书馆行业工作规范化的进程。

（三）推进图书馆工作的持续发展

传统管理方法常常以维持现状为重心，其座右铭是"如果没坏，就无须修理"。而全面质量管理则把重心转向对系统和过程的持续改进，信奉"即使没坏，也要不断改进"。因此，实施全面质量管理的图书馆不再仅仅满足于某一质量标准。好了还要更好，永无止境地追求更高质量，以满足并超越用户不断变化的信息需求才是图书馆的最终目标。

第三节　图书馆的业务管理

随着现代化信息技术与网络技术的不断推进，社会中各个行业在发展中都形成了较大变化。其中，图书馆是社会发展中的一个重要组成部门，它的管理模式以及管理流程随着现代社会的变革发展也不断得到完善。所以，在这种发展环境下，为了促进图书馆服务工作的更好开展，就要实现管理模式的积极变革。

一、我国图书馆业务管理的作用

一直以来，我国图书馆的业务管理模式以及业务流程都是按照收集、整理以及保存等环节完成的，在实际执行期间，是按照自变机制以及他变机制来完成。其中，自变机制是事物本身具有一定的随机性，在时代发展中，能够对社会整体进行积极引导。他变机制是事物本身缺乏一定的自觉性，一些外部力量推动了整个社会的发展。从图书馆的历史发展形式上看，受历史变化的影响，导致在自变发展过程中过分依附于公益性质，从而降低了图书馆的动力发展。而在他变过程中，受外部动力的影响，由于内部动力的严重缺失，导致在他变机制上具有更多作用。其主要表现在以下两方面。

（一）社会作用

随着社会形态以及社会思潮的不断交替，事物在内部以及外部形态上都发生了较大变化，并实现了演变的根本性与全局性。我国图书馆从传统发展到现代化变革，社会形态以及社会思潮都形成不同结果。当前社会实现了全球一体化发展，其中的经济观念已深入人心，同时，人们对信息内容掌握的形式也发生较大变化。在这种背景下，不仅是图书馆的迫切发展需求，还能为图书馆的业务发展模式提供良好的探索需求。因此，图书馆要与社会发展增加联系，并随着现代化脚步不断纳入先进思想，从而全方位地提升自己的地位价值。

（二）技术作用

技术作用在事物演变过程中，并没有体现全局性以及根本性，在事物发展中形成了较大的推动作用。在一定程度上，人类的历史发展就是科学技术水平的不断提升。现代信息技术应用在公共图书馆中具有较大的促进作用，特别是电子计算机技术以及网络技术的普遍应用，使图书馆从传统的手工操作流程转化为自动化以及网络化发展。图书馆业务管理模式的演变发展也是将技术作为主要因素，它的应用与产生不仅实现了图书馆业务流程的自动化以及现代化发展，同时还提升了图书馆的思想定位方向。

二、我国图书馆业务管理模式的研究现状

我国图书馆的业务管理模式变革要引起理论与实践的更多重视，因为业务流程管理

能促进我国图书馆管理工作的变革进步。其中，数字图书馆是未来发展的主要形态，在当今发展潮流中成为重要目标。有些学者认为，要将图书馆进行机构重建，以促进组织规模的小型化以及扁平化，但其间的业务划分形式还比较粗糙。而有些学者认为，根据业务要承担的角色，要将图书馆机构划分为五部分：其一，信息收集部门，它主要为图书馆提供一定的文献知识以及数学化发展方案，并在最后利用互联网对其跟踪；其二，信息转换部门，它主要对信息进行扫描、转换等；其三，数据描述部门，它主要对已经转换的数据利用相关语言进行描述；其四，数字化服务部门，主要实现 Web 制作、相关内容的更新与维护等；其五，技术支持部门，它主要对一些新标准、新工具、新技术等进行研究，并对数字化信息进行有效保护。但在实际上，一些图书馆机构重建以及管理模式形成了新的变革，不仅促进了组织职能的不断优化，形成了集成化的人员结构，在管理期间，也开始利用自动化系统作为技术支撑，以促进图书馆业务管理模式的一体化发展。

三、信息化环境下我国图书馆业务管理模式变革分析

对我国图书馆的业务管理模式进行改进对图书馆的工作发展具有较为重要的作用，但在积极变革期间，如果没有在整体上对问题进行解决，只在局部或者单方面对问题进行解决，将会使发生的效果受到一定限制。因此，在信息化环境下，我国图书馆还面临一些需要解决的问题。例如，全球信息化与网络化为一体的发展形式与当前的图书馆系统存在较大分割；随着信息技术的快速发展，图书馆的业务管理工作存在较大滞后性；随着读者的多样化需求，图书馆服务工作还比较单一。为了解决这些问题，就需要促进图书馆业务管理的变革，不仅要促进各种机制的有效结合，还要在整体上制订合理的解决方案。根据现代社会发展现状，既要满足全球经济、文化发展以及读者的多样化需求，还要利用现代网络技术，从宏观、中观、微观等方面对我国图书馆的业务管理模式进行变革。

宏观上：建立一个高效的、具有权威的图书馆业务管理机构。该机构的形成不仅能在业务上对所有的图书馆进行统一规划、相互协调，同时还能在一定的体制发展上，改变图书馆出现的半封闭现象，从而保证图书馆资源的合理配置，以促进人力、物力以及财力的协调利用。根据我国图书馆建立的管理体制进行分析，目前，还在按照图书馆管理部门的隶属关系进行的，在这种情况下，导致我国图书馆的业务管理在全局和整体上都不够协调。例如，在一个地区的不同图书馆中，其网点的设置、资源的布局以及行业的标准等都存在一定的重复性。所以，可以将其分为几个模块，这样不仅能促进各个图书馆之间的关系，还能利用信息技术实现各个资源的有效传输，以保证在整体上实现图书馆事业的有序进步。

中观上：实现集团化的垂直管理体制。要以省级、市级为主要单位，构建规模性比较大的图书馆事业，并在一定的区域内对图书馆进行集团化以及垂直化管理。在该途径

上，不仅能在人力、物力、财力等方面上统一计划，还能促进资源的共享发展。现如今，我国图书馆在业务管理形式上得到普遍进步，并为中观上的业务管理模式提供有效决策。

微观上：对图书馆的业务管理进行优化、调节。其中，要以信息化为主，对图书馆的业务管理单位合理设置。而且，还要改变传统的图书馆业务管理方式，将其转换为外部业务管理的现代化发展，以促进网络资源、网络知识的有效开发，实现以用户为主要需求中心的业务发展，从而提升实际的工作效率。

四、大数据与图书馆业务管理

图书馆的业务部门一般包括采访编目部、流通阅览部、信息技术部、参考咨询部等，传统的业务工作流程主要包括采访、编目、加工、存储、服务等。在大数据的影响下，图书馆的业务也发生了变化。如：图书馆传统的采购和编目工作，通过招标等形式外包给其他机构，图书加工也对外委托，图书馆的业务工作重心转向以数据为中心的信息资源组织、利用与保存，数据的采集、存储、挖掘和分析成了图书馆的主要业务。图书馆对复杂的大数据进行数据挖掘和可视化分析，可以使用户更准确、及时、有效地利用信息，但大数据也给图书馆的业务管理带来了以下问题：1.数据采集问题。图书馆的工作量并没有因为业务外包而减少。大数据时代，图书馆的每一项业务都涉及数据，如何高效收集各种数据，成为决定图书馆业务工作成效的重要因素。2.质量控制问题。图书馆传统的结构型数据库已经不能适应非结构化数据和半结构化数据的动态管理和分析需求，业务管理模式如不加以革新，其业务工作的质量将会难以跟踪和控制。3.数据利用问题。图书馆收集大数据的最终目的是提高图书馆的服务质量，让用户充分利用图书馆的资源创造价值。从图书馆业务工作的内容来看，信息资源如何组织、存储和利用，都涉及大数据的利用问题。从图书馆业务工作的形式来看，任何一个业务工作流程都会产生新的数据，这些数据包含隐性的有用信息，图书馆只有把这些隐性信息挖掘出来，发现业务工作中的重点和难点，才能改进业务工作流程，提高业务工作水平。

五、基于大数据的创新性的图书馆业务管理模式

（一）以信息资源为对象构建动态采购平台

信息资源是图书馆开展各项服务的基础，图书馆应根据服务对象和经费情况决定采购哪些图书及哪种类型的数据库。因此，图书馆应构建一个动态的信息资源采购平台，对出版社的动态、不同层次用户的阅读需求和阅读形式、供应商的实际情况等数据进行收集，设置权重，利用大数据分析技术构建图书评价系统。图书馆只需把书目、出版社、供应商的信息导入系统，就能实时、准确地挑选到图书，不但可以降低馆藏资源的购置费用，同时还能提高馆藏资源的利用率。

（二）以图书馆业务为对象构建风险评估模型

图书馆的业务工作与服务息息相关，业务工作出现偏差会导致服务出问题。因此，

图书馆应根据自身情况构建图书馆业务风险评估系统,在开展新业务前先进行风险评估。如:图书馆在建立数字图书馆初期,应收集经费、技术、设备等数据资料及科技发展数据、供应商数据、用户数据等,利用这些大数据构建信息安全风险评估模型及知识产权风险评估模型,科学分析构建数字图书馆的可行性,智能辅助决策,降低数字图书馆建成后可能带来的风险。

(三)以用户为对象构建数据挖掘系统

用户在利用图书馆资源时会留下各种数据,这些数据可以归为以下五类:1.用户的资料。用户资料可以帮助图书馆了解服务对象的类型、层次、地域分布等,从而有针对性地提供阅读推广和参考咨询服务。2.用户的到馆数据。这些数据可以使图书馆了解用户的到馆周期,为其制定各项业务的工作时间提供依据。3.用户的查询或咨询数据。用户在图书馆进行参考咨询或查询书目信息、图书馆区域分布时都会留下数据,这些数据都和用户的需求有关。4.用户的借还数据。用户的借还数据可以帮助图书馆了解用户的阅读周期和阅读需求,一些相关数据还能在信息资源采购平台中被加以利用。5.用户访问电子资源的数据。这些数据主要是用户在检索、浏览、下载时产生的数据,它们会成为图书馆在构建数据、挖掘系统时的重要资源。通过构建以用户为对象的数据挖掘系统,图书馆可以了解用户对馆藏资源的满意程度,分析用户流失的原因及到馆用户和网络用户的显性需求和隐性需求。

(四)以图书馆员为对象构建灵活的工作模式

当代图书馆员应具备基本的学科知识、超前的服务意识、数据分析和处理能力、开发隐性知识的能力及开拓创新的能力。图书馆员对图书馆的业务工作最为熟悉,也最能发现业务工作中存在的问题。因此,图书馆除了要培训馆员,还应以馆员为研究对象,收集馆员的工作数据,并对这些数据进行分析,找出工作中的不足,进而建立更有效率的工作模式,使馆员充分发挥才能。

(五)以技术为对象构建大数据支撑体系

图书馆不论是从信息资源、业务还是馆员、用户的角度对大数据进行分析都离不开技术,这些技术包括大数据采集技术、大数据存储技术、大数据分析和处理技术等。目前,较为成熟的大数据处理技术有 Hadoop、SAP HANA、Hive、Pig 等。图书馆利用这些技术进行大规模的数据处理和分析,不仅可以降低馆员的工作量,还能为用户节省时间。为了构建以技术为核心的大数据支撑体系,图书馆除了要购置相关的软硬件设备,还应注重对技术人才的培养。大数据背景下的技术人员不仅需要具备丰富的大数据知识,还应了解各类数据库软件和数据挖掘、分析软件。为了更好地把大数据应用于图书馆的业务管理,图书馆应对技术人员进行图书馆业务培训,使其成为精通图书馆业务的技术型人才。其培养方式主要有:1.人才委托培养。即图书馆聘请专业机构对图书馆的技术人员进行技术和业务培训。2.与高校、企业合作。即图书馆与高校、企业联合开展大数据培训课程，使大数据的理论与实践相结合。

大数据拓宽了图书馆业务管理的视角，使图书馆可以从更广泛的角度考虑业务管理的流程及方式。大数据逐渐成为图书馆业务的基础，而图书馆的业务则是大数据的价值体现。图书馆在利用大数据时应重视对用户、合作机构及图书馆员的隐私保护，在采集、保存、利用和开发大数据的过程中要建立隐私安全保护机制及法律保障体系，避免出现信任危机，最大限度地发挥大数据的价值。

第四节　图书馆的服务管理

图书馆是高校的重要部门，同时也是学校教学、科研服务的信息中心，图书馆建设是高校教育管理重要工作之一。随着数字化、信息化技术的发展，图书馆服务形式、服务内容、服务手段及服务功能等都发生了巨大的变化，尤其对网络化服务功能提出了更高的要求，传统的服务模式已经跟不上信息时代的发展要求，图书馆必须从内涵和外延上拓展功能，从服务与管理上进行根本转型，才能跟上信息时代发展的步伐，才能顺应现代社会的发展。

一、高校图书馆的服务与管理转型的意义

高校图书馆是服务学校教学科研的信息阵地，是大学生的第二课堂，是大学生获取知识的主要渠道，也是大学生开展各类活动和提高校园文化气息的场所。随着网络化和信息时代的迅速发展，人们获取信息的手段、方法、要求都发生了很大的变化，要在海量的信息中快捷方便，不受时间、时空的限制，获取自己所需的信息资源。图书馆的服务与管理面临着前所未有的挑战，必须从服务与管理进行转型，服务转型是顺应时代发展的必要条件，是进一步完善图书馆服务功能的重要基础,有助于服务效率的进一步提高、管理转型，有助于进一步规范高校图书馆的管理工作，进一步明确管理目标。通过转型可以进一步完善服务功能和服务方式，方便快捷地为学校师生提供全面的文献信息服务，以满足高校师生根据自身实际需求获取各种信息资源。

二、高校图书馆的服务与管理存在的问题

（一）图书馆的网络服务功能不够完善

网络信息技术的广泛应用，传统的服务方式和服务内容已经不能满足读者的需求，读者更需要个性化、创新化、多样化的服务方式。目前，许多高校图书馆由于网络设备落后，网络不畅通，Wi-Fi 不能在图书馆全覆盖等，导致图书馆创新服务、个性化服务、多样化服务，如网上查询、网上预约、新书通报、微信、飞信等网络服务不能顺利开展，不能及时使师生获取图书馆最新信息，不能从海量的信息中快捷方便地获取所需信息资

源。还有些高校虽然建立起了相应的图书馆网络服务系统，但是由于缺乏相应的系统管理的技术人员，所以，仍然无法发挥网络服务系统应有的作用。

（二）管理机制不够完善

随着信息时代的发展，管理机制直接影响着图书馆的发展，传统的管理机制不能适应图书馆的发展。目前，许多高校图书馆缺乏激励机制，考核机制、规章制度不完善；馆员在工作中，没有积极性，没有激情，工作不主动，干和不干一个样、干多干少一个样、干好干坏一个样，不能为读者提供高效的优质服务，只有通过完善管理机制，采取激励机制，完善规章制度，才能激发馆员的积极主动性、创新创造性，让他们充当激励要素的主角，从而提高服务质量，推动图书馆事业的发展。

（三）馆员素质有待提升

高校图书馆馆员的自身业务素质，直接影响到其服务工作效果。目前，很多高校图书馆忽略了馆员的培训工作，认为图书馆的工作并不需要太多的工作技能，也就是图书的借借还还，图书的整理归架；还有些高校图书馆很大一部分馆员是照顾关系、引进人才的家属及不能胜任教学的教师被安排到图书馆工作，其没有专业背景，缺乏图书情报专业知识及计算机操作知识，不能为学生提供准确且全面的服务，不能指导学生在知识的海洋中获取所需的信息资源。在网络化、数字化时代，馆员一定要加强学习，不断更新知识，才能为全校师生服务。

三、新时期图书馆服务功能的转变

本节所提到的新时期主要是指信息化技术快速发展背景下图书馆的服务管理环境，在这样的环境背景下，图书馆的服务模式、服务内容等方面都发生了较大的变化，而对于这些变化的清晰把握是进行图书馆服务管理工作改进的基础和前提。

（一）图书馆服务模式的变化

所谓的服务模式就是指图书馆采用何种方式为读者提供服务，这不仅影响到广大读者的服务体验，同时也对于图书馆的时代性发展具有重大的推动作用。就目前的图书馆服务模式来看，除了为读者提供相应的资料以外，还建立了学科信息的增值服务模式，即计算机系统根据读者的特定需求，对已收集的信息资源进行整合，建立专业的知识学习平台，并根据读者所制定的关键词对专业知识进行文献资料的关联查询，降低读者获取信息资料的难度。这种建立在信息技术基础上的新型模式使得图书馆的服务更加智能化和信息化，突破了传统服务模式中的效率和效果束缚，迎合了读者对于信息的高标准需求。

（二）图书馆服务内容的变化

在信息化条件下，读者获取信息的途径得到了极大的丰富，除了通过传统的图书、期刊等资料的阅读以外，还可以通过互联网等媒体上的海量信息的筛选获得相应的内容。

但是随着新学科、新技术门类的层出不穷，学科知识之间的分类日趋细化，在这样的情况下，读者的知识认知由原来的综合性知识需求为主逐步转变为专业性知识需求为主，换句话说，就是读者需要的是能够从某一专业的角度对问题进行精细化分析的信息资源。因此，图书馆服务除了要做到内容丰富以外，还要满足内容的高度专业化，以顺应教学和科研深入开展的需要。

四、提高图书馆服务管理的对策

（一）加强对服务管理的重视力度

在图书馆的管理当中要高度重视图书馆的服务工作，将服务管理与图书专业检索、查阅功能放在同等重要的位置，将服务的意识融入馆员的日常工作当中，全面体现"读者第一"的服务思想，以满足读者的信息需求。从图书馆领导到具体服务人员都需要增强读者意识，征求他们对于文献资源的需求以及对图书馆服务的反馈信息，并对读者的需求与意见做详细的了解和分析，这样才能更好地实现图书馆服务的宗旨，增加自身的竞争力。

（二）完善图书馆服务制度

在制定制度时，要坚持"以人为本"的原则，增强服务意识，尊重读者的权利，从读者的角度制定科学合理的制度。一切以读者的需求为前提，利用科学管理手段进行资源整合。在执行制度过程中，既要了解读者的义务，又要明确读者的权利，对于读者应履行的义务要采用合理手段进行说明，对于读者的权利要给予尊重和保护。

第一，要认真分析服务对象的特点，建立合理的服务制度。如高校图书馆根据学生的实际学习需求，建立专业服务指导。第二，建立有效的服务反馈制度。针对服务投诉问题，建立服务投诉应急管理流程，有效缓解读者的不满，提高服务质量。第三，建立有效的服务考核制度。对服务制度的执行情况进行考核，保障服务质量的有效提高。对于服务意识欠缺的有关人员要及时进行提醒，只有在有效的激励措施下，图书馆的服务水平才能得到有效地提高。在图书馆的服务管理上还需要加强实际的服务管理投入力度，设立每月优秀员工评选奖项，对服务态度较好的员工给予奖励和鼓励。第四，建立图书馆网络资源管理制度。要积极开展有效的网络服务，开展资源智能检索、读者需求研究、跟踪服务等一体化的动态读者服务，逐步建立智能信息检索系统、专业信息资源导航系统等，最大限度地发掘信息资源的利用效率。努力开发馆藏信息资源，有效地组织数字化特色信息资源，逐步建立高质量的多种类型数据库。第五，要依托于网络开展网上导读服务。有目的、有步骤地对网络信息资源加以合理的组织，以形成一个引导读者获取准确信息的导引系统，这样就能使读者在最短的时间且以最少的付出得到最为满意的结果。

（三）提高服务人员的服务管理水平

随着"互联网+"时代的到来，图书馆的馆藏模式也发生了巨大的变化，因此，图書館服務也發生了改變。館員不再只是單純地做服務工作，同時還要求有一定的管理能力。要充分發揮圖書館職能，更好地為讀者服務，要求館員掌握較為全面的相關知識，才能在圖書館的生存與發展中發揮自己的作用。

首先，館員要研究讀者的變化。讀者的閱讀需求既是一種個人需求，也是一種社會需求，這種需求處於不斷發展變化之中，因而呈現出複雜多樣的狀態。研究讀者的變化，才能有針對性地做好讀者服務工作。按照讀者的閱讀目的和對文獻內容的需求，大體上可分為知識型、情報型、資料型、研究型、消遣型。還有上述兩種或兩種以上類型的混合型。不同的讀者需要不同的服務，而圖書館就要提供不同的個性化的服務，以滿足讀者的需求。

其次，要創新工作方式。創新意味著打破傳統的工作與管理方式，產出新的經驗或思想。館員在工作中要勤於思考、善動腦筋、敢於創新、勇於開拓，適應用戶的發展需求，提供新的服務方式。要在館內設置宣傳欄，開展新書通報，及時向讀者介紹新購置的文獻資源，以便讀者借閱；介紹最新學術動態，宣傳各種專業知識以及利用圖書館和文獻檢索知識，介紹讀書方法等。館員要努力使自己成為具有新觀念、掌握新技術、能夠運用創造性思維、與時俱進、不斷取得新業績的創新型人才。

再次，建立科學有效的圖書館人員服務培訓制度。進一步完善館員培訓和教育機制，定期對館員進行業務知識和管理知識培訓，組織各種形式的講座和學術交流，為館員業務能力的提高提供各種指導工作。在條件允許情況下，可以組織優秀的館員到其他優秀圖書館進行館際之間的業務交流，使館員能夠開闊視野，拓寬工作思路，在工作中不斷創新，為讀者提供更優質的服務。

服務管理是圖書館管理的重要組成部分，在圖書館的管理當中要高度重視圖書館的服務管理，將服務管理與圖書專業檢索、查閱功能放在重要的位置，全面體現讀者第一的服務思想，努力提升圖書館服務水平。

五、新形勢下高校圖書館的服務與管理轉型

（一）以理念創新為先導

在新形勢下，高校圖書館服務創新是由理念、制度、技術、方法等各種創新要素構成的一個複雜系統，其中，理念創新是進行其他方面創新的重要基礎，正確的服務理念，能夠更好地指導圖書館管理人員為高校學生提供科學的服務。首先應該堅持以人為本的服務理念，這是高校圖書館服務理念的根本。隨著我國高校圖書館建設的不斷完善，服務理念也應該不斷地創新，把開放化服務、便利化服務、個性化服務以及泛在化嵌入式服務理念融入高校圖書館服務中。泛在化嵌入式服務指的是利用新型的圖書館信息化服務系統，為圖書館大學生提供隨時隨地的服務。通俗地講，則是將傳統的陣地式服務轉變為移動式服務，這一服務理念符合信息化社會的發展特點，對於高校圖書館服務工作的完善有著重要的意義，也是圖書館未來發展方向。

（二）注重服务流程的完善

高校图书馆服务与管理转型要以服务流程重组为实践根本。近些年来，我国社会环境发生了巨大的变化，为了满足新形势下高校学生更多的学习需求，在高校图书馆服务中，必须加强业务布局和结构调整，对图书馆服务流程进行重组。在传统的高校图书馆服务流程中，以直线式和纵向式为主。在新形势下，则可以建立以文献为中心的业务布局和服务流程。这一服务流程具有嵌入式的特点，与传统的单向式服务流程相比，这一流程是双向的，而且不再是垂直型服务而是网状式服务。通过服务流程的重组，为高校学生提供更为人性化和高效化的图书馆服务。

（三）进一步完善图书馆的网络服务功能

图书馆网络服务功能的完善，是新形势下高校图书馆服务与管理转型的重要途径，具体而言，可以从以下几方面进行：

第一，加强图书资源的信息化建设。对于现代高校而言，图书资源信息化是图书馆网络服务功能实现的重要基础。为了实现这一目的，应利用现代化的计算机操作系统，实现对高校图书馆图书信息数字化处理，满足师生利用网络服务系统高效、快捷地获取所需要的图书文献资源信息，从而不断地提升图书馆的服务工作效率。

第二，加强功能保障。对于高校而言，图书馆服务与转型的主要目的是更好地为师生提供高效、快捷、方便的服务，以满足大学生的学习和各项活动，因此，在图书馆网络服务功能不断完善过程中，必须加强功能保障。首先，应该根据网络系统的特点，建立相应的公共云服务中心。公共云服务中心是信息技术发展的产物，其主要由一组软件组成，这一组软件所构成的联合系统中，会提供相应的身份功能、图书信息资源检索功能、信息调度功能等。其次，建立 SaaS 服务平台。在这一平台的作用下，可以实现图书馆系统内的资源共享。在资源共享环境中，资源搜索范围不局限于本校图书馆，可以提供更全面、更丰富的信息资源，更好地满足师生需求。

第三，加强图书资源数据库建设。数据库建设是实现图书馆数字化、网络化、现代化的基础工作。根据本学校办学方向、专业特色、科研水平及本地域社会经济文化特色，通过 Calis 特色数据库建设平台，用现代通信技术、网络技术、计算机技术和文献信息检索技术，科学、规范、有效地开发整理，通过数字化标注，构建"人无我有，人有我优"的特色数据库，为学校教学、科研提供特色化服务。

（四）加强图书馆馆员的继续教育

随着计算机网络技术日新月异，图书馆网络信息资源迅猛增长，知识更新速度加快，图书馆馆员的角色也发生了很大变化，从传统的管理员逐步转变为信息管理员、信息咨询员、信息传播员和网络信息导航员。随着角色的不断变化，馆员必需加强学习，开展不同形式的继续教育，通过举办各种培训班、专题讲座、专家授课、知识竞赛及自学等形式，不断提高馆员计算机操作技能、网络信息管理、图书情报专业知识，全面提高馆员素质，使其能够更好地为教学、科研服务，更好地为全校师生提供专业、高效的服务。

当今社会处于一个信息时代，新学科、新知识、新技术层出不穷，图书文献信息的存储方式、获取方式、利用方式、服务手段等发生了很大变化。在新形势下，高校图书馆的服务与管理必须通过转型，打破传统规则的束缚，扩展服务领域，完善网络服务功能，丰富服务内容，完善管理制度，加强馆员的继续教育，全面提升馆员素质，才能为师生提供广度和深度的服务，才能满足全校师生个性化、多样化、多层次的需求，才能快捷、高效地为师生提供优质服务，进一步推动高校图书馆事业的发展。

六、公共图书馆服务管理的创新方法

（一）积极运用科学方法，提高图书馆的服务效率

首先，积极进行数字化建设。在现代社会中，计算机网络技术在不断发展，由此需要在公共图书馆内引进数字化技术，对于馆内图书进行数字化管理是图书馆的未来发展趋势。对于文献资源进行数字化能够更加方便地进行文献传递，读者不再受空间限制而进行书籍的借阅。图书馆数字化建设主要特点是网络化传递、电脑化操作、数字化馆藏以及资源共享化。利用计算机管理系统可以对于文献进行加工处理，并利用计算机先进的网络技术，最大化利用电子文献资源，使读者能够更加方便地进行阅读。其次，进行个性化信息服务。公共图书馆的重要工作是为读者提供最好的服务，最大化地满足读者的需要，这也是图书馆存在的重要价值。现代社会中的服务行业更重视的是以人为本的个性化信息服务。所谓个性化服务，主要是尊重读者的个人需要与个性化选择，根据每个读者的不同特点提供个性化的服务。为读者建立独立的信息管理系统，对每个读者工作、习惯以及兴趣爱好做好动态的统计工作，有利于为读者提供更加舒心的阅读服务。

（二）积极寻找潜在读者，促进公共图书馆的发展

公共图书馆在社会中属于公用的基础设施，自身肩负着为社会大众提供阅读服务的职能，由此图书馆需要积极地转变自身的服务理念，以最大限度地实现图书馆的社会效益。公共图书馆需要积极进行馆外的主动服务，为需要图书馆信息服务的相关机构提供图书信息服务。同时图书馆的工作人员可以收集读者对于图书的问题，做好充分的准备，最后把具体的答案反馈给读者，以保证为读者提供优质的服务。

（三）在公共图书馆内营造良好的服务环境

在图书馆图书与读者之间唯一的联系是图书馆的工作人员，由此需要在图书馆内建立一支高素质的人员队伍，以保证馆内具备一流的服务质量。工作人员最为重要的是自身具备较好的服务意识观念以及扎实的业务工作能力。在图书馆内建立一支优秀的工作人员队伍，需要积极培养工作人员进行学习，使工作人员在不断的学习过程中得到成长，最终提高员工的服务意识，积极在馆内营造良好的服务环境，使读者更加满意图书馆的服务。

严格来讲，现代社会属于多元化的社会，而公共图书馆若想在这样的时代获得长远

发展，需要适应这个社会。首先，需要利用先进的信息技术促进图书馆的发展；其次，需要提高员工自身的服务意识，以满足读者需要。最重要的是，对于馆内的服务管理工作进行积极的创新，使更多的读者愿意入馆阅读，从而更好地推动中国文化事业的发展。

第五节 图书馆的行政管理

所谓高校图书馆的行政管理，就是要根据高校图书馆的特点以及运作规律，再经过其管理者计划、决策、控制、协调等行为，制定出科学合理的行政管理手段，以达到使用和发挥图书馆的信息、人力、物力等资源作用的目的，使图书馆的功能发挥到最大，更加高效地为学校师生服务。高校图书馆的行政管理不仅是整体管理的关键环节，更是图书管理和读者阅读的中间枢纽，是图书馆各项工作正常运行的重要保证。因此，做好图书馆的行政管理工作具有充分而必要的理由。

一、目前高校图书馆行政管理中存在的问题

不同的高校图书馆在行政管理中都存在一些不同的问题，只有仔细探讨总结这些问题的所在，才能更好地找出解决措施，完善行政管理制度，提高管理水平，使图书馆的作用得到更好的发挥。目前，高校图书馆的行政管理存在的问题主要集中在以下几个方面：

（一）陈旧老套的管理模式

新形势下，高校学生对于图书的需求加大，对于图书借阅时的要求更高。然而，图书馆的管理却没有随这种需求的增加而采取更有效的方式，传统的图书管理观念认为将图书整理好、保存好就是做好了图书管理工作，并且这种观念已经根深蒂固。管理员不注重读者的想法与感受，不进行图书借阅类型的统计，因此，无法与读者进行交流，这样会对下期图书购买情况产生很大的影响，从而导致下期购买计划无法确定，不能及时更新书籍，无法追赶时代的潮流。而读者是被服务者，是图书馆一切工作顺利开展的基本保障者，无法满足读者的需求，慢慢地就容易导致读者的流失，使图书馆的服务宗旨失去意义。

（二）馆内电子设备无法满足借阅需求

这类问题主要体现在高校内图书馆的电子设备较少或者现有设备不能很好地发挥其应有的功能这一方面。有的图书馆内电子设备有限，而书库种类繁多，其所在位置又难以确定，大部分情况需要使用计算机进行图书种类及馆藏位置的查寻，在读者数量较多的时候需要排队等候查阅，增加了不必要的时间。另外，在图书借阅流程中，有的书库仅使用手动记录书名代号的方式降低了图书借阅的效率。图书馆虽然设立了足够的电子设备，但图书馆内设备陈旧、时常发生故障没能得到及时的检修，这种情况下无法满足

全校师生的基本需求，电子设备形同虚设。有时候新设备的引进缺乏及时有效的宣传，即使设置了机器，仍然有大部分师生不知道拥有设备，不知道设备的功能，更不知道设备的使用，从而导致设备的空置。

（三）图书馆人力资源不足或图书管理人员素质不过关

一般高校的图书馆都有大量的藏书，每天流动的图书数量庞大，图书馆建筑区域广，书库类别繁多，因此，需要大量的人手每天进行图书的分类管理与维护。然而，许多学校的人手不足，一人分管多个书库，同时涉及多个楼层多种类别，容易造成任务量的增多或导致书籍类别放置错误，使读者不能正确地寻找到自己需要的数据，甚至冷门书库无人管理，师生的借阅工作不能正常进行。人力资源不足造成了图书更新不及时的问题，很多资料陈旧不能满足学生的学习需求，造成学生搜集课外资料的困难。

许多图书馆聘用馆员十分随意，有些图书管理者甚至是兼职的学生，管理经验不足且课外时间分散，任务交接的时候容易出现差错。有很多馆员只将图书馆的管理工作视为一份收入性工作，严重缺乏工作积极性与主动性，无法将工作与服务联系结合起来。馆内缺乏技术性的专业人才，机器设备故障或基本操作无人下手，从而导致图书馆的行政管理模块的薄弱。馆员缺乏创新意识，对图书的管理方式一成不变，无法为读者提供满意的服务。

（四）经费不足或资金管理不当

众所周知，保障图书的数目和行政管理离不开资金的支持，因此，资金的管理在图书馆的行政管理中显得尤为重要。时代在逐渐发展前进，高校的专业设置也逐渐增多，同一专业也会出现不同的专业方向，使得学生需要更多且更具专业性的资料来支持课程的学习，同时很多师生的兴趣爱好非常广泛，涉及图书的类别也更多，需要大量的图书来增加自己的知识量。有些高校图书馆由于经费不足难以对图书进行更新，涉及类别不够全面，导致图书馆发挥不了它应有的作用。有些高校还存在资金管理不当的问题，资金使用分配不均，传统的纸质书籍得到较多图书馆的重视，而忽略了电子图书类的发展问题。有些情况下图书馆对图书购买计划不明确，购买数目罗列不清，容易导致个别环节个别人从中获取利益。图书馆的一切活动都需要资金支撑，所以，资金不足或管理不善会影响图书馆的正常运行，当然其中也包括行政管理环节。

二、图书馆行政管理的具体要求

高校图书馆的行政管理，既要规范和管理图书馆馆员的行为又要制定出合理的行政管理制度，只有多方面、综合性的管理要求才能提升图书的管理质量。

（一）图书馆行政管理中对馆员的要求

不论什么方面的管理都应当坚持以人为本的原则。人是最积极、最活跃的因素，对生活中的各项因素和物质资料起着掌控作用，所以只有把人管理好了，其物质资料才能发挥出最佳效益。一般情况下，人们口中所谓的管理，实际是对人的管理。所以，对人管理的好坏对工作效益有着直接影响。而对于高校图书馆的工作来说，对人的管理关系到文本信息的开发利用、图书的流通、对借阅师生的服务质量、读者通过图书获取信息和知识的便利程度等。所以，作为高校图书馆的行政管理应该把对馆员的管理放在第一位，以增加其对工作的积极性和主动创造性。

图书馆内需要有专业经验的人进行图书管理以及图书馆整体的运行。馆员的言辞与行为直接反映着本图书馆的管理程度。因此，要求图书管理人员具备优良的素质和职业素养，准确记录图书借阅情况，规范归还图书整理放置等。同时，馆员遵守图书馆的管理规范，做到图书馆内不大声喧哗，阅读区内不与人攀谈等。

（二）图书馆行政管理中对制度制定的要求

如果想要做好图书馆整体行政管理的工作仅仅对馆员进行管理是不够的，行政人员必须要建立健全图书馆的各项规章制度。这些制度应该准确说明图书馆各部门员工的行为规范以及图书馆的运行方式。图书馆的规章制度应充分反映整个图书馆的特点和发展方向，不仅能有效地约束与限制全体馆员行为规范，而且能激励其把工作努力搞好，使各项工作向预期目标顺利正常地进行，大大减轻日常的管理工作，更好地服务于高校师生，从而保证图书馆的正常效益以及目标任务的实现。另外，图书馆中面对借阅师生制定的规章制度也间接体现了图书馆运行的准则和方式，保证了图书借阅的秩序，提高了图书馆的利用效率。

三、如何提高图书馆的行政管理水平

（一）充分提高行政管理人员的专业性

高校图书馆的行政管理人员自身的学识素养对其工作开展水平有着直接影响。要想实现全体馆员的行政管理的专业性，馆员就需要拥有丰富的管理经验，能够根据实际情况正确使用，并且要在实际中多次组织管理方面新方法、新理论、新知识的学习，掌握现代化的技术手段。

充分提高全体馆员的素质与道德。要想充分提高全体馆员的素质与道德，就必须意识到馆员素质与道德加强的重要性，着重加强教育。首先，要把实施好馆员的学习制度放在首位，不断要求馆员学习服务、管理等相关知识，紧跟时代的步伐。注意全体馆员的思想、职业道德、职业操守的培养，积极宣传正确的思维方式，从而使全体馆员在潜移默化中树立正确的服务观念，不再局限于收入，学会享受工作。其次，要求高校图书馆的负责人从实际出发，结合图书馆的情况与全体员工受教育程度，做到"因材施教"，使不同专业的人才都能找到最适合的岗位和工作，确保全体员工持有正确的思想态度。负责人要充分重视馆员的情感调动，注意实施某些措施。例如，有奖有罚、考核监督等，以充分调动馆员的工作积极性，使工作区域任务划分明确，如果出现问题要具体到哪一部分、哪一个人，从而使问题得到快速解决。

（二）改善馆内环境增强服务意识

馆内环境实际上就是读者的外界读书环境，环境的好与坏能够直接影响读书者的心情。是否能够营造出良好的读书环境对图书馆内读者服务质量的高低起决定作用。要想做好高校图书馆的行政管理工作，就要增加对行政管理的投入，逐步优化和改善环境。由于高校图书馆建筑楼层较多，各个部分的管理设备也非常分散，因此，要增加管理人手，如电梯、桌椅、储存柜的维护等工作。馆内的人际交往也决定着馆内环境，馆内的人际交往可以分为管理者与馆员之间，馆员与馆员之间，馆员与读者间。管理者与馆员之间的关系处理需要管理者融入馆员中，做馆员的知心朋友，统一认识，沟通思想。馆员与馆员的关系处理需要管理者注意了解馆员的心理需求，减少交往上的矛盾摩擦。馆员与读者的关系处理需要管理者建立完善的管理制度，形成良好的思想和观念。只有处理好馆内人际关系，才能建立一个愉快、融洽、和睦的人际关系环境。

（三）经费管理工作到位

高校图书馆的图书资源配置以及相关的行政管理工作都离不开经费的支撑，经费是图书馆正常工作的基础。高校图书馆行政管理的经费必须要有明确的指导思想，既要维持图书馆活动的正常运行，又要保证购书的正常进行。所以，在购书经费上必须严格按预算执行，必须专款专用、杜绝挪用。要遵循采购原则，坚决抵制采购非法出版物以及质量低劣的图书，要完善采购的监督体制，尽可能地避免错购、漏购、重购等现象的发生，明确采购的数量、金额和品种。制定合理的借书还书规范，对于没有按时归还以及丢失损坏图书的行为给予一定的罚款。同时还要结合往年图书使用情况，根据读者喜爱图书的类型、借阅资料的种类等，制定出明确合理的采购方案。图书馆要加强所有经费的科学有效的利用与管理，避免不必要的开支，只有这样资金的使用才能最大化地给高校师生创造利益。

（四）将更加现代化的设备应用到行政管理中

随着计算机技术的发展，大学生对获取信息的速度以及质量有更高的要求，而获取信息的途径也更加多样化。因此，要想更好地实行行政管理，就必须加强图书馆的自动化建设，增加不同的业务，如电子书下载、新书推荐、文献资料在线浏览等。自动化设备关系到图书馆全部工作的顺利完成，是高校图书馆的重要组成部分。图书馆需要使用更多的电子借阅设备来方便借阅流程的进行，提高借阅效率，因此，就需要配置和培养更加专业的人才，充分调动其积极主动性。加强网上图书查询、电子阅览室以及图书信息资源的建设，能够方便大学生查阅和阅览书籍，从而创造出现代化的阅读条件和氛围，提高学习成果。保证自动化设备的完好性和利用率，定期检查修理，充分发挥其作用，并要注意防火和防盗的工作。

当今形势下，高校图书馆的行政管理中还存着许多弊端，但总体上，图书馆已经能够发挥出它应有的职能，成为校园文化的重要组成部分。图书馆应加强各项行政管理，不断发展创新的管理模式，提供更加人性化的服务，营造更加舒适的图书馆环境，不仅有利于各高校图书馆的发展，更为高校学生的学习提供便利，为学校的人才培养作出贡献。

第六节　图书馆的安全管理

公共图书馆具有人员密集和公众聚集的特征，近年来，随着公共图书馆馆舍面积的增加、来馆人员的增多、馆藏及现代化程度的提高，其安全管理工作难度日益增大。当前必须把安全生产纳入公共图书馆全程管理，落实各项防范措施，确保为广大读者提供安全高效且便捷的公共文化服务。

一、落实"三防"措施，夯实公共图书馆安全管理基础

所谓"三防"，即指人防（人力防范）、物防（实体防范）、技防（技术防范），它是安全防范的三种基本防范手段。其中人力防范和实体防范是古已有之的传统防范手段，而技术防范的概念是在近代科学技术（最初是电子报警技术）用于安全防范领域并逐渐形成一种独立防范手段的过程中所产生的一种新的防范概念，它在安全防范技术中的地位和作用将越来越重要，已经带来了安全防范的一次新的革命。要以高度的责任感、使命感，以对党、对人民宝贵生命财产高度负责的精神，严格遵照"安全第一，预防为主，综合治理"的工作方针，通过"三防"基本防范手段，进一步筑牢图书馆安全工作的根基，认真做好安全管理工作，确保为读者提供安全、优雅的学习环境，确保图书馆事业健康发展。

二、加强安全生产制度建设，健全公共图书馆安全管理体系

基于公共图书馆在安全管理方面的特殊性和重要性，必须按照标准化、规范化的要求，建立完善安全的管理制度体系。1.坚持安全生产"一岗双责"责任制。公共图书馆领导班子成员既要抓好分管的业务工作，又要抓好分管领域的安全生产，实行"谁主管、谁负责；谁分管、谁负责"，各级领导要真正做到把安全工作作为全馆重要工作之一来抓，不躲不靠、不流于形式。2.坚持各级各类人员安全生产职责制度。明确从主要领导到具体工作人员的安全生产职责，层层组织签订责任书，一级抓一级，一级对一级负责。3.坚持安全生产工作例会制度。定期开会研究安全生产工作，每季度至少组织召开一次安全生产工作会议，遇有紧急情况随时召开。4.坚持安全生产值班制度。在重要时段、重大节假日实行24小时值班，领导带班、专人值班，主要领导、分管领导和负责安全生产的干部必须24小时保持通讯畅通。5.坚持馆领导联系重点部门制度。各馆领导分别联系本馆内安全生产重点部门，每月至少到所联系的重点部门检查一次，及时发现并解决问题。6.坚持应急演练制度。为了防止各类突发事件的发生，要按照相关法律法规要求，综合

公共图书馆安全管理、业务工作、读者服务、行政、后勤、网络安全等多方面突发事件，制定《公共图书馆紧急灭火、抢救、疏散方案》《公共图书馆突发事件应急预案》，并经常性地组织演练，进一步提高公共图书馆员工应对突发事件的能力。7.坚持门卫制度。出入门携物要有"持物证"，杜绝公物外流、财产丢失；个人和部门加班要申报；办公室不得存放个人贵重物品；人走关灯，下班时要先断电、关窗、锁门（平常人离开办公室也应锁门）；自行车、机动车不能乱停、乱放；办公室、阅览室不可留宿；入库凭证件并且要进行登记；食品不可带进业务区；读者入馆要存包等。8.坚持每日清馆制度。办公室、阅览室闭馆后的清馆（包括断水、断电、关窗、锁门等）由当班人员负责；公共区域的清馆由保卫处负责。要做到认真仔细、不留死角，发现问题及时解决、及时报告。

三、加强安全生产台账建设，提高公共图书馆安全管理水平

安全生产台账是安全生产管理的基础性资料，是反映一个单位安全生产管理整体情况的资料和具体过程记录，是用于安全生产日常管理的各种文本、文件、资料的统称。安全生产台账在安全生产管理中发挥着重要作用。首先，在台账资料的记录、整理和积累过程中能够起到自我督促、强化管理的作用；其次，能够促进安全生产规范管理上档次、上水平；再次，其是事故调查处理的责任认定依据。安全生产管理既重视结果，看是不是发生了安全事故，同时又强调过程，看平时是不是加强了安全管理。在事故调查处理时，就是要通过查阅安全生产台账等手段来认定责任和追究责任人。所以，要本着对安全生产高度负责、高度重视的态度和方便实用的原则，结合公共图书馆自身实际做好安全生产台账工作，落实专人负责安全生产文书资料与档案管理，按照标准化管理的要求做好相关文件资料的收发归档工作。将各项安全生产管理记录和资料按照内容和类别不同，分类成册、分类归档，进行科学规范管理。特别是在隐患排查方面，一定要建立专门台账，对排查出的安全隐患要逐一登记建档，载明隐患所在地、隐患基本情况和隐患等级、隐患类别、整治措施和要求、整治目标和计划、整治进展和验收情况、整治责任单位和责任人员、整治资金来源和投入、安全防范和应急措施等。实行公开发布、挂牌督办、跟踪治理，直至整改销案。

四、经常性组织开展检查，消除公共图书馆安全隐患

抓公共图书馆安全生产，只有经常性开展检查才能防微杜渐，防患于未然。一要落实检查责任。按照"谁主管谁负责""管生产必须管安全"和"属地监管"原则，明确公共图书馆主要领导为安全生产隐患排查治理第一责任人，分管领导为安全生产隐患排查治理直接责任人。二要突出重点。经常检查消防器材设备、走火通道、供电线路、危化品存放、安全制度和人员培训等硬件、软件是否符合安全要求。三要加强相关方管理。将承包方、租赁方、临时工、外来施工等相关方纳入自身管理制度。当前有许多社会团体租用公共图书馆的场地开展培训教育和学习交流活动，为防止出现安全管理漏洞，必

须严格落实对相关方资质审查规定，并明确公共图书馆对隐患排查治理负有统一协调和监督的职责，相关方在相关业务领域内负有直接安全生产责任。凡引入相关方的，都必须签订安全生产管理协议，并在协议中明确各方对事故隐患排查、治理和防控的管理职责。四要加强消防和安全管理设施投入。要按照相关法律规定足额配备消防和安全设施设备，在年度预算中对消防和安全管理经费要优先安排，在日常经费开支中消防和安全管理经费要优先支出。

五、加强安全文化建设，提高干部职工和读者安全意识

安全生产是事关人民群众生命财产安全的大事，同时也是维护社会稳定的一件大事。公共图书馆能否持续稳定、安全高效开展服务，关键在于人们是否具备一定的安全文化素质和安全意识。要狠抓干部职工安全生产知识学习教育。组织学习《安全生产法》《消防法》等相关法律法规，举办消防和安全管理知识专项培训班，提高消防安全职业技能和管理水平，加强安全文化建设。深入组织开展"安全生产年""安全生产月"活动，利用网络、信息简报、宣传栏等进行安全管理宣传教育。充分发挥图书馆自身优势，组织开展安全管理读者讲座、图书安全管理征文等活动，加强读者安全文化教育，提高读者安全意识，努力营造人人懂安全、人人讲安全的良好氛围。

六、公共图书馆网络信息安全管理

公共图书馆作为城市文化建设的重要组成部分，其对我国国民素质的提升至关重要。在信息时代背景下，图书馆的管理正逐步向信息化、网络化转变，而这也带来新的信息安全问题。因此，如何在提升图书馆管理效率的情况下保证图书馆信息的安全成为当前图书馆管理面临的主要问题之一。

（一）影响网络安全的主要因素

1.硬件因素。一定数量的电子零件一同构成了完整的硬件系统，所以，一旦单个零件出现微小的故障，也会在整个系统中体现出来。硬件系统是指服务器构成的逻辑结构，这一逻辑结构是维持网络正常数据传输的。因此，硬件的逻辑系统是网络进行信息传输和通信的保障，对硬件结构的优化将直接关系到整个网络的传输效率，它每时每刻需要处理大量各类格式的数据信息，所以，在对网络系统服务器的选择上，对功能和安全性有更高的要求。如此，便可以使出现错误的磁盘子系统被切换至另一个磁盘子系统。计算机网络要详细地展开叙述，工程量是十分巨大的。因此，我们从地理范围的角度，将其大致简单分成两种：一是局域网，二是互联网。根据 IP 协议建立的网络拓扑结构是各个服务器与路由之间进行数据传输的根据，拓扑结构将直接影响整个网络的可靠性、可拓展性及数据包转发效率。很多图书馆的拓扑结构为"总线 + 星形"，通过建筑物垂直主干和楼层水平子系统分类好网络，使得网络更加可靠。即使水平布线产生一些故障，对机器产生的影响也是少之又少的。同样地，即使垂直主干产生故障，也只对某一楼层

造成影响，不会影响整个网络大局，最有效地降低网络瘫痪的概率。

2. 软件因素。对软件系统来说，要想实现高安全性的环境，预防病毒入侵是关键。病毒给信息系统造成的威胁影响是巨大的，它极具破坏性，且传染速度快，扩散面广，尤其威胁大型信息系统。许多图书馆的系统平台是 UNIX，其来自深圳图书馆开发的应用软件 ILASII，安全系数达到 C2 级标准，措施上有对读写操作展开控制、带保护的子系统、审计和核心授权等内容，其防毒能力显著优于 Windows 系统。

3. 人为因素。人为的无意失误，也会给数字图书馆的安全带来风险。例如，操作员对安全配置的疏忽，形成安全漏洞，用户本身安全意识差，口令选择出现问题，账户随意转借或共享等。除了内部的威胁外，外部的威胁也不可忽视。某些"黑客"会通过隐蔽路径进入图书馆的网络，从而达到窃取、修改数据、破坏文件的目的，严重威胁着图书馆计算机网络安全。

（二）保障网络安全的对策

1. 划分网段和 VLAN 来实现。目前，很多网络在局域网中采用广播的方式传输信息，而这将给整个网络的安全造成严重的影响，而划分网段正是在当下网络环境中提升局域网安全性的有效手段。因此，采用划分网段的做法，就是将广播域限制在一定范围，然后有效分割开非法用户与网络资源，进而阻止用户进行非法访问。划分网段，有物理分段和逻辑分段两类。物理分段在网络结构中直接对物理层和数据链层进行分割，通过一刀切的方式阻止各网段之间的通信，对于层级之间的通信则采用特定的协议进行划分；而逻辑分段是通过某种逻辑对整个系统网络层实施分段的做法，分段的方式和层级都可以进行调整。即使这样，对于运用 VLAN 技术的网络来说，依然存在威胁。譬如，局域网设备很大程度上将变为新的攻击对象，入侵检测技术容易引发在交换网络中的运用问题，基于 MAC 的 VLAN 在本质上无法阻止 MAC 欺骗攻击，等等。

2. 防火墙技术。在正常情况下，防火墙是对电脑联网第一个起到保护作用的，其作用主要是当我们的网络受到非法入侵的时候起到控制隔离的作用。只要防火墙设置合理恰当，我们便能对所管控的区域的所有活动包括安全域进行监控和管理，甚至还能对没有经过授权的访问进行阻止。在当下，防火墙是效果最显著的保护网络安全措施之一。简单来说，防火墙是一种软件支持下的流量控制系统，是一种特定的病毒防护系统，只能在特定情况下发挥作用，如果系统数据库不完善将难以达到理想的防护效果。这种防护较为被动，并没有主动防御手段。

3. 入侵检测技术。入侵检测技术是电脑联网的第二道屏障，它能对防火墙的安全漏洞进行处理和防御，提高系统应对不明攻击的性能，从而使电脑的安全屏障更加完善。与防火墙不同的是，入侵检测技术所针对的对象主要是系统内部的所有信息，它通过关键点收集和对比信息，以此达到监管的目的。值得表扬的是，这种检测和监管在不会降低网络流畅度等参数的前提下能完成对来自内外部的非法入侵和操作错误的及时处理和网络保护。

4. 有"备"无患。在网络安全的工作中，数据一直被视为是重点保护对象。尤其是对于图书馆来说，信息数据的备份是十分重要和必要的。一旦数据丢失，后期就必须耗费大量的人力物力去重新组建信息库。为了避免这样的情况发生，必须定期对图书馆的数据做好备份。这样即使网络受到入侵导致数据丢失，也能恢复数据，不影响到工作。

图书馆计算机网络系统必须建立在丰富的、严谨的理论依据之上。如果前期的建设工作没有考虑并设置一个 B 计划用于处理应对棘手的情况，那么就不只是损伤软、硬件那么简单，而是可能会导致系统的瘫痪。可见，计算机网络系统的建设必须环环紧扣，思考周到，每一种潜在危险都要设想到并制定应对措施，只有这样建立起来的制度才能更好地服务于图书馆等各种主体。另外，还需要经常对计算机安全知识进行普及，这也是关键措施之一。

第五章 "互联网+"下人的教育管理

第一节 "互联网+"时代学生管理

本节结合当下我国高校学生辅导管理工作的实施现状和主要问题，参考国内外高校利用互联网等信息技术手段进行学生管理的先进经验，探讨了"互联网+"背景下高校学生管理的主要特点和实施价值，并对通过互联网信息传达、数据整合、动态人性化管理、精细化辅导等方面的技术及系统优势在学生管理难点上优化处理的具体模式、手段和组建、应用流程进行详细的分析和讨论，旨在为提升高校学生管理的水平，实现高校现代化发展提供借鉴与参考。

一、传统模式下高校学生管理的现状与问题

（一）管理规模日趋扩大，管理涉及学生群体个性化及差异化日渐突出

我国高等教育的日渐普及以及高校扩招政策的逐步推出，带来了高校生源基数的不断增大，自然也造成了高校学生管理无论在规模适应化实施还是手段适用性深化上难度的日渐突出，管理所涉及学生的背景、专业、需求、性格及行为特点、价值取向等变得更加复杂且多样；高校当下管理所面临的"00后"青年群体，其在自我个性化表达以及人性化服务上的需求更加的强烈，传统依靠辅导员及学生干部单一人工为主的管理模式，已经难以有效地确保大体量管理高效、高质的实现，更无法全面满足学生对于学校在生活、学习、心理、思想等层面多维度、人性化管理服务的需求。

（二）管理手段及理念发展滞后，在动态和精细化管理的实施上严重不足

首先，学校对于学生管理的重要性和价值提升始终无法提升到学校发展的战略发展层面，进而在学生管理的人才、资源、技术设备、文化及环境创设等方面的投入存在不足，也就无法对现代化学生管理工作的开展提供必要的理念、制度、技术、环境和人才支撑。其次，在诸如学生档案管理、宿舍管理、思想政治辅导与教育、社会实践开展等各项管理事项的推进过程中，更多的是依靠管理规范的约束与引导，以及管理者的执行素养和行动力来予以有效地保证实施，不仅缺乏必要的标准化动态流程与科学化手段达到各层面管理内容的高效开展，还造成了管理的随意化、形式化，也就大大减弱了学生管理工作的作用与价值。

（三）管理涉及范围窄而浅，无法为高校和学生的发展提供全面有效支撑

鉴于管理手段发展的滞后以及管理效能的低下，在大规模学生管理的新形势下，高校学生管理涵盖的范围无法全面且深入地涉及每个学生学习、生活和发展等诸多关键层面与新进趋势，即使涉及也浮于表面，"管而不理，行政化现象严重，管理及其内容缺乏服务性和发展性"已经成为当下影响高校管理水平提升的主要问题。

（四）管理制度与实践缺乏必要的相适应性且在制度和体系层面存在缺陷

高校的学生管理工作需要建立在必要的管理制度和规范上，但是很多管理制度的制定与实施存在与现实发展不相适应甚至是脱节的现象，更没有理清管理所应明确的必要界限。诸如在一些宿舍管理制度上，缺乏完善安全保障机制的同时，却对学生生活限制过多。而在学生档案管理工作实施中，并不具备健全的档案质量管理制度和分析利用机制，难以达到对学生在校信息的合理化记录以及信息安全的充分保护，更无法实现对信息充分的解构和整合，以带来对学生发展趋向和教育实施思路的多维分析，从而制约了高校学生管理及其整体发展质量的提升。

二、"互联网+"背景下学生管理的主要特点、实施价值和发展问题

（一）主要特点和实施价值

"互联网+"背景下的高校学生管理与传统状态下的管理组织架构、管理实施理念与思路以及管理、服务的发展模式等具有很大的不同，无论是在技术层面、管理层面还是被管理者的心理及行为发展层面等都会具有与以往不同的实施特点。总的来说，其发展特点和实施价值主要包含以下几个方面：

（1）"互联网+"背景下的学生管理逐渐去行政化，被动且机械的管理开始朝着学生主动化、管理服务化、学生群体个性化、管理内容与手段适应创新化的方向发展。进而大大提升了管理的效率与效能，带来了高校学生管理实质性的现代化发展与提升。

（2）"互联网+"背景下的学生管理开始呈现无边界的发展态势，其通过网络技术渗入各个移动终端，可以实现对每个学生在校生活、学习、发展各个层面灵活差异化的管理与服务，能够带来管理对于学生的充分自主授权，并有效基于技术的支撑与多维管控模式的实施达到学生与学校管理者之间的实时沟通、合理承诺、相互信任、个性化支援与服务等。不仅合理化了管理发展的内容、科学化了管理实施的手段、精简化了管理维护成本，更提升了管理的可控性以及服务的价值性。

（3）"互联网+"背景下的学生管理能够逐步实现对学生信息与管理信息的实时精准传达与录入，并能够带来学生动态的精准掌握以及管理数据的高效及系统分类、整合、分析与利用，从而全面实现对于学生动态实时、精细化的管理与服务，极大地避免了管理的盲目性和滞后性，降低了人工管理的失误与主观性。并让辅导员等管理者从庞杂而细化的管理实务中解脱出来，更多地去关注学生发展的现状与实际、管理的理念与思路创新等关键性内容，从而给予高校学生管理发展与提升更多层面的支撑。

（二）发展问题

"互联网+"背景下，高校学生管理所出现的新问题主要体现在以下几个方面：

1. 互联网管理是一个集合了技术、理念、内容、制度、流程、管理参与主体等各个层面的一体化过程，避免单纯流于技术层面，只在硬件的配置与铺设以及软件的盲目安装使用上下功夫，从而带来了互联网管理的形式主义化以及管理成本不降反升的不良局面。

2. 高校的互联网学生管理应当服从并服务于高校教育事业及学生的质量性发展，避免为了实行标准化、系统化、高效化的管理而限制了学生的个性化提升，更不能利用互联网技术侵害学生的隐私与自尊，甚至阻碍了教育工作的合理化开展。因此，需要结合开放、包容、科学、人性的互联网学生管理文化构建，带来互联网管理更加健康、和谐的实施与发展。

三、"互联网+"背景下高校学生管理创新的实施策略和组织流程

（一）利用互联网达到管理者和学生之间"方"与"圆"的有机统一

高校的学生管理除了不断注重"方"这一管理规范和行为准则的细化实施，还应关注辅导员、班主任老师与学生之间的情感及需求的沟通与共识的"圆"的达成。利用互联网技术，构建以专业、班级为单位的信息管理平台，不仅能够实现辅导员、班主任基于学生的管理规范、准则与要求达到对于学生的实时、合理化约束与引导，还能建立辅导员、班主任、宿管员等管理者与学生之间、学生与学生之间平等化的交流平台，实现多维度情感、经历、认知、需求与建议的实时共享，从而畅通管理的实施流程，达到管理与服务、心理与行为、生活与发展、实践与创新的有机融合和共同发展。

（二）通过互联网助力多层面管理模式的实施，带来管理的精准化与人性化

鉴于当下我国高校学生管理规模的日益扩大，通过互联网管理平台的分布化构建，一方面，可以利用软件、移动终端与管理平台的有机互联，达到对学生行为状态、情感状态以及发展趋向的动态跟踪，为学生提供针对化的约束、引导、资源辅助和精准服务给予必要的支撑；另一方面，可以根据学院、专业、班级的不同发展实际，建立多个管理层级及多个管理方向，将管理的权限授予学生会干部、班级干部甚至是学生个人，并通过学院及专业的整合与评价、班级的细化执行与监督、学生的自我提升与反馈，确保管理事项的高效完成与有效维持，达到管理更加人性化、精准化和动态化发展与提升。例如，通过数字化管理APP的安装使用，可以实时更新学生的通信信息和资质档案，并利用微聊模式等帮助班级的集中化、个性化管理，确保信息的有效交互和实时更新。通过优学院等学习平台APP的使用，学生可以在网络平台进行自主学习，老师也可以在线上答疑和监控。

（三）结合互联网技术带来信息化管理和大数据管理的现代化提升

高校的学生管理工作涉及基数庞大且不断增加和变化的学生信息与数据，传统的学生档案管理、信息整合不仅耗时耗力，而且信息的准确性、完整性、质量性以及安全性难以保证，无法全面支撑高校学生管理与发展规划的高水平实施。而利用互联网等信息技术手段，不仅能够达到对学生信息的实时、动态存储，还能够大范围拓宽存储的形式，并提升各个存储阶段和存储形式的兼容性和可利用性，避免存储数据的重复、交叉、遗漏等不良失误。通过互联网云端技术，大大扩充信息存储的体量，通过安全密匙、用户身份验证等技术手段，在确保数据安全的情形下，还达到了数据有效分享、充分查询与使用的目的。

互联网等信息技术为高校的管理工作提供了新的发展思路与创新化的发展模式，但也需要结合制度的适应性完善与优化、流程的信息化再造与更新、管理队伍信息素养的强化与提升、管理环境的和谐化与开放化创设等手段为互联网背景下高校学生管理工作的高效、高质开展奠定坚实的基础，从而更加快速地实现高校教育事业与管理事业的现代化、信息化和智能化提升。

第二节　"互联网+"时代国际学生管理

随着"互联网+"时代的到来，如何将国际学生管理与互联网技术深度结合，提高管理效率和服务质量成了现今高校面临的实际问题。本节以北京语言大学为例，介绍了国际学生管理模式及现状，探究了如何利用互联网建立高效、优化的国际学生管理模式。

据教育部统计，2015 年来华的各类外国留学人员比 2014 年增加 20581 人，增幅为5.46%。国内留学生的教育遇到了前所未有的发展机遇。在"互联网+"时代如何抓住机遇，通过信息化手段将互联网与国际学生管理进行深度融合来提升服务质量，获取更多的国际学生资源是我们不断探索的一个问题。

一、国际学生管理模式及现状

高校国际学生管理工作主要包括入学前的招生宣传、入学后的教学组织、行政管理和后勤服务等四大方面，牵涉到一个学校的方方面面，与校内多个部门都有密切联系。目前，国内高校现行的国际学生管理模式主要有内部职能型管理模式和日渐流行起来的趋同化管理模式。内部职能型管理模式一般是在二级行政部门"国际交流与合作处"下设或平行设置"国际学生办公室"对留学生招生和日常事务进行管理；独立设置二级教学机构对教学与日常事务进行管理。根据学生是否要在中国取得学位的标准，将来华留学生分为"学历生""非学历生"两大类。在此分类的基础上进行针对性的管理。内部职能型管理模式存在的问题使各部门相对独立。作为学校的二级行政部门或者是二级教学机构，强调对国际学生的教学和日程管理，但对国际学生教育发展工作的规划和协调比较薄弱。导致信息交流不通畅，学校资源浪费，学生动态无法把控。

趋同化管理模式是世界各国招收培养国际学生的一种通用管理模式，主要针对学历生的管理。在我国就是按照中国本科生学生的培养模式，对外国学生进行管理。"趋同管理"的意思就是中外学生一视同仁，同一标准，对留学生不歧视也没有特殊待遇。通过中外学生同堂上课，共同生活，加上老师们的关心指导，使中外学生共处于一个和谐友好的校园之中，这是趋同化管理的主要目标。由于趋同化管理模式的建立，导致国际学生的管理机构也发生相应的变化，以前作为国际学生管理部门的国际合作与交流处，现在只承担国际学生的招生工作，而学生处和教务处作为中外学生日常事务和教学的管理机构。由于中国学生的管理模式相对成熟，这样的变化应该是有利于学生管理工作的。不过，由于国际学生教育水平、生源地经济文化以及学生个性特点的差异，往往达不到趋同化管理的要求，使得管理效果不能完全展现出来。

北京语言大学目前的管理模式是分类、分层次的管理，职能型和趋同化并存。对于以学习汉语为主的学生采取的是职能型管理模式，对于有一定汉语基础在本科生学院上课的本科生、研究生采取的是趋同化管理模式。涉及的管理部门主要包括国际合作交流处、国际学生工作办公室、国际学生学院、财务处、教务处、后勤服务集团、保卫处等。对于以招收国际学生为主的国际型大学，这种模式是扩大国际学生规模，加强国际学生教学质量建设，探索"趋同管理"改革的较好的选择。但由于学生数量大，管理分配不够详细，规章制度不够完善，管理上也存在诸多问题。负责的部门多，同时与两个部门相联系的工作，可能出现没人管的现象。同时涉及多个部门的事情，级别相同，协调的难度也增大了。

二、"互联网+"时代国际学生管理模式探究

"互联网+"时代的特点是体验、信息、知识等均可共享。在这个时代，高校管理人员要用互联网思维去考虑和探究，利用信息化手段对高校业务流程进行梳理和再造，达到信息共享、互通，流程清晰、明了，以实现高效、高质的管理模式。

（一）信息化手段提高管理效率

1.通过数字校园整合国际学生管理系统。各高校对留学生的管理习惯性地将国际学生分为学历生和非学历生，学历生还可以进一步细分为预科生、进修生、本科生和研究生等。由于管理模式不同，使用的系统也不相同，但这样对数据的互通和统计都非常不方便。

就北京语言大学而言，存在的国际学生管理系统主要包括国际学生招生系统、迎新系统、国际学生管理系统、非学历生教务管理系统、预科生教务管理系统、进修生教务管理系统、学历生教务管理系统和与中国学生同堂上课的教务管理系统。为了有效避免管理人员反复登录不同的系统，北京语言大学通过数字校园的统一身份认证，对系统进

行整合，方便管理人员同时使用多个系统。

2. 利用数据中心再造留学生教学及管理流程。对于有一定语言基础的国际学生既可以在国际教育学院选课，同时也可以在中国学生学院选课，由于中外学生管理模式的不同，真正将中外学生教务系统完全整合的高校几乎没有，结果是一年的学习结束之后，学生无法获取自己各科学习总成绩。对于一个对中国学校管理模式不完全清楚，语言还有一定障碍的国际学生来讲，到各个学院去整合自己的成绩，无疑是一件非常困难的事情，同时也是一次非常难以接受的体验过程。在信息化高速发展的时代，我们可以通过接口将数据整合到数据中心共享库中，然后通过简单的程序将处理过的数据展示到数字校园的学生信息中，以方便学生查找打印，也可以方便管理教师了解学生的实际学习情况。对之前复杂的管理流程进行重新改造，使其变得异常简单。

3. 强大的数据分析平台为领导决策做支撑。数据整合之后，可以将在校及离校学生进行多维度的统计，主要包括：人数、性别、生源地、学习成绩等。形成良性的数据生态环境，启发和推动数据综合利用，为领导的进一步规划及决策做支撑。

（二）信息化手段提升服务质量

用信息化手段改造国际学生日常管理的服务体系以提升服务质量，可以从以下几方面着手：

1. 对于在校生，我们可以将原来人工操作的打印成绩单、打印在读证明等工作，启用自助打印系统来完成，简化中英文成绩证明和在读证明业务办理的流程，既可以提高效率，节省流程节点，还能节省人力、提高办事效率，达到良好的用户体验。

2. 通过"一张表"工程对学生进行全生命周期的管理，将学生在校生活中的所有数据信息整合到一张表，既方便学生了解自己的生活过程，包括学籍信息、教务信息等，也方便老师对学生学习、生活进行全面了解。

3. 对于离校的学生，实现网络自助打印学习证明等材料，学生通过在校时的学籍信息进行身份验证之后打印所需的证明材料。证明材料上给出验证码，系统提供验证证明真实性的功能，使用证明材料的单位可以在系统中通过验证码查验真伪，这样极大地方便了在国外的校友。

（三）信息化手段解决管理问题

高校学生管理工作离不开对数据的收集、处理和传播，而学校面对的是一个庞大的管理群体，所产生的数据也是庞大的。基层进行数据的整理是一项繁重且难以保证准确性的人工工作，即使如此，学校还是花费大量时间和人力去做这些人工统计工作。基层再将数据一层一层地向上传达和汇总，其过程也需要花费大量时间。这难以保证最上级最终所获取的数据的完整性、及时性和准确性。数据库的应用可以有效地解决这个问题，它可以将数据按照学校的管理要求以各种形式表现出来，数据信息的分析也只需很短的时间即能完成。在集中式模式下，管理系统集中安装在一台服务器上，每个系统的用户通过广域网登录使用系统，实现共同操作同一套系统，使用和共享同一套数据库。管理的集中化节约了大量的时间和人力，也保证了数据处理的完整性、及时性和准确性，实现了学校的全面管理。

"互联网+"浪潮的奔涌而来，颠覆或改变了我们工作和生活的很多方面。"互联网+高校"也成为当今社会关注的热点。将"互联网+"与国际学生教育管理工作方针"扩大规模、提高层次、保证质量、规范管理"进行深度融合，必将构建出开放生态下的国际学生管理新模式。

第三节　"互联网+"时代师资管理

"互联网+"给教师管理层面带来了五大变革：让教师从"知识的传授者"到"学习的指导者"和"价值的引领者"，从"分数统计员"到"数据分析师"，从讲"专业忠诚度"到"学科跨界"，从高度集中的"金字塔模式"到"自组织模式"，从"专题式的集中学习"到"碎片化学习"。学校唯有重视这些管理上的变革，教师才能真正地发展起来。

这是一个网络无处不在的时代。如果有一天单位电源因故跳闸，电脑、网络一律停止工作，人们一下子会变得目瞪口呆、手足无措，接着就是坐立不定、焦躁不安。这是一个无法离开网络的时代。

互联网给我们的社会带来了一系列的变革，我们已经进入了一个"互联网+"时代，形成了一系列新形态和新事物。如"互联网+游戏"就变成了"网游"；"互联网+购物"就变成了"网购"；"互联网+电视"就变成了"智能电视"；"互联网+医疗"就变成了"互联网医院"。当互联网遇上"学校"就成为了"云学校"。

互联网对于学校的影响是全面且深刻的，其影响首先是技术层面的，但最值得关注的是思想层面及管理层面的。就教师管理层面看，"互联网+"时期起码有以下几个方面的变化。

一、从"知识的传授者"到"学习的指导者"和"价值的引领者"

传统教育是以讲为主的教学，教师主宰着整个教学过程，学生学什么、学多少，什么时间学、怎样学，都由教师控制，教师成为"知识的传授者"。随着互联网时代的到来，MOOC这样一种新的学习形式受到人们的广泛关注。MOOC学习是在课前先让学生观看简单的教学视频，学生接着按要求完成作业，再由计算机进行评价，同样一个学习视频，可以让成千上万的学生同时在线学习。一些MOOC平台可以邀请全国一流教师来授课，这是常规学校难以做到的。这样看来，MOOC时代学校教师的作用似乎减弱了，但其实并非如此。互联网再怎么发展，VR（虚拟现实）技术再怎么真实，也无法替代真实的课堂教学。

MOOC 时代为学生提供了更加丰富、更有魅力的授课教师，学生的知识学习将主要通过在线方式进行。在这样的背景下，学校教学及教师的教学方式将发生变化，教师主要采用个性化的面对面方式进行，教师更专注于学习方案的设计及学生讨论的组织。面对面的教学，教师们的言传身教，让教师的人格魅力对学生的影响更为深远。

MOOC 时代，教师需要的不再只是教授能力，更需要教师与学生之间的沟通能力。教师成为能打开学生心扉的知心朋友，是学生发展的引领者。

与传统教育相比，在 MOOC 时代教师的意义不是减弱，而是增强。教师更像教师，教师成了"学习的指导者"及"价值的引领者"。

二、从"分数统计员"到"数据分析师"

以往的教学，教师批阅完作业就会给学生一个成绩，批阅完试卷就会统计试卷上各小题的分数，接着给学生打一个总分，最后把试卷发给学生，让学生依据分数自己去分析反思。教师很大部分起一个"分数统计员"的角色。"互联网 +"时代教师角色将发生变化，被赋予新的角色。

"互联网 +"时代一个重要技术支持就是"云计算"。云计算给教育带来的变化主要体现在大数据、即时反馈、个性化学习及学习预测等方面。这更方便教师进行学习分析。

2013 年，由新媒体联盟（NMC）与美国高校教育信息化协会（ELI）发布的《地平线报告》，提出了"云计算""移动学习""学习分析"等概念。互联网技术迅猛发展，学习资源越来越丰富，服务功能越来越强大，为学生学习提供越来越多的便利。在学生进行学习的同时，利用网络技术对学生的学习行为进行跟踪，计算机通过这些信息的分析轻松得出关于学生学习特点、爱好及学习行为等方面的评价。教师在此基础上分析和提出关于这位学生的个性化学习建议，尽早发现学生学习中的问题，制定和实施解决问题方案。这种学习分析，对于教师提出了更高的要求。他们不仅需要教书，不仅要给学生判分及结分，他们也应该是一名"数据分析师"，在教学的同时，能把学生在学习过程中呈现出来的各种数据、量表等进行比较、分析，对学生进一步学习提出决策及建议。有人认为，未来 10 年最"性感"的工作是数据分析师。

三、从讲"专业忠诚度"到"学科跨界"

以往在讲能力发展时，更多的是讲专业的稳定性，讲专业的"忠诚度"，"互联网 +"时代，人们有了更多发展空间及发展机会，更多的人在"跨界"发展，并有了丰富的成功案例。

跨界是整合与融合。它是从某一属性的事物进入另一属性的运作。进入互联网时代，跨界更加明显与广泛，也更显优势。各行业不断融合渗透，创造出很多形态。教师发展也需要这样的跨界，需要这样的整合与融合，才能适应未来人才培养的需求。

2007 年的美国年度教师给了音乐教师安德烈娅·彼得森。彼得森初出茅庐，凭着自己的热情努力说服校长，和她一起制定一项为期 5 年的"K-12 音乐教育成长计划"。为了提供音乐学科的地位，让音乐课从边缘走向主流，彼得森开发跨学科的音乐教学法，将音乐课与其他科目结合起来。她的教学获得了学生及家长的好评。也可以说，是"跨界"让彼得森成了美国年度教师。

教学跨界，可以扩大教研组活动的形式及范围。如在教研组的听评课活动中，可以邀请不同学科教学骨干来听课与评课，不同学科的教师关注的角度及问题是不同的，这样可以让听评课活动变得立体，让问题讨论引向深入。跨界不仅仅局限在学校系统，我们也可以把视角延伸到校外，延伸到更广阔的企业及社会。我们可以让教师们参观不同的单位，参与政府或企业组织的培训。

教师跨界，需要教师以跨越自身学科、专业界限的知识及思维，多视角、多层面来审视问题、解决问题，用大视野、超视距的眼光提出事物未来发展方向的一种思考方式。跨界，必须要拆除思想的藩篱，打破专业、学科界限，以跨学科、无边界的思维来思考问题。

四、从高度集中的"金字塔模式"到"自组织模式"

传统的教师组织管理是具有行政色彩的"金字塔模式"，其顶端是学校领导层，再逐级往下，教师处在这个金字塔的最底层。这样的组织结构其特点是稳定，但问题是组织容易僵化，做事效率低，自身难以发现问题，也难以激发教师的积极性。"互联网 +"时代，教师的组织构架在悄然发生变化。

2013 年开始，一个新的叫车平台给杭州出租车行业带来一场不小的"地震"。这就是"微信叫车"。其中较有影响力的就是"微信出租车车队"。这个组织有 100 多位司机，这一百多人，不再像以往一样属于"四季青""大众"或"客旅"中的某一个出租公司，而是来自不同的出租公司。他们通过微信自行组织起来，改变了传统出租车公司被动分配的方式。他们通过微信群来自动接受客人预订，并自行调配出租车。通过这样的自我组织、协调分工，用车效率大大提高，司机们的整体收入提高了 20%。司机们这样的组织形式，可以称为"自组织"。"自组织"在这个"互联网 +"时代更显其活力。

"互联网+"时代也会产生诸多教师的"自组织"群体。如微信圈、QQ 群、微博互粉等，这些"自组织"按照教师不同的性格、生活爱好自动组合。"自组织"是一个学习平台，这个平台具有很强的黏着力。它可以增加教师团队的合作意识，在合作中共同体会成功的喜悦。"自组织"平台也是一个多方共赢的生态圈，大家在这样的生态圈中相互增值，相互体验成功的快乐和喜悦。

五、从"专题式的集中学习"到"碎片化学习"

谈到教师发展及教师培训，我们习惯想到专题式集中学习，这样的学习或者培训当然重要。但如果教师学习只依靠这样的形式，那我们将会失去很多机会。因为"互联网 +"时代的教师生活发生了很大的变化。我们的生活处在一个随时被中断的时代，我们需要在一个时间段内进行多任务切换。2004年美国加州大学欧文分校信息学学院的格洛里亚·马克教授带着她的研究生对美国的两个科技公司的员工进行了一千小时的观察。观察发现，办公室里的员工平均每11分钟就会被电话、电子邮件或同事打扰一次。人们的工作不时被中断，随时需要切换，时间长了我们慢慢地适应了这样的"中断"及"切换"。在人们应付多任务能力增强的同时，人们思维的深刻性也在降低。人们习惯于完成一些短平快、"肥皂剧"式的工作，而难以完成宏大的史诗般的"大片"式的任务。这就是互联网给社会带来的变化——生活的"碎片化"。碎片，就是把原来整块的东西破成了诸多个小片。

以往谈到教师培训、教师学习，人们首先想到的是集中培训和专题学习，但对教师观念影响比较大的，恰恰是在日常的生活中，他们与家人、与学生、与同事之间的交流；是各种媒体发布的信息；是随时随地可以阅读的各类电子设备中的图文内容。教师在这些非正式场合所得到的信息要远多于正式场合所得到的，这些活动时间占据教师整个获得信息时间的80%还多，因而，非正式场合对教师教学观念的影响更大。所以，教研组学习可以把学习内容或者学习时间进行分割，采用正式学习与非正式学习相结合的方式进行，在正式场合提出学习主题及学习要求，把讨论与交流放在各种非正式场合，让教师利用碎片时间进行学习。如在适当时间利用校园网平台，或者手机微信、QQ、手机校园APP等平台推出短小典型的案例让教师进行讨论，或者推送简短的教师学习体会让教师相互学习。现在很多学校都推出了官方微博，推出了学校微信号，利用这些平台及时向教师及社会发布信息，教师们利用零碎时间来学习讨论，也相互分享这些信息。

有人把互联网时代的到来比作西方的"文艺复兴"。文艺复兴掀起了西方社会的"思想大解放"运动。思想的变革要远远超于技术的影响，教育变革首先是思想上、观念上的变革，进而带来管理上的变革。学校只有十分重视这些管理上的变革，教师才能真正地发展起来。

第四节 "互联网+"时代党团管理

随着时代的发展,互联网及新媒体逐渐代替了传统媒介成了思想文化传播的新工具，同时也给高校党团共建工作带来了新的发展机遇。如何使用互联网加强高校党团共建工作，推进党团共建工作的现代化，是现今相关部门应提高重视的重要工作。本节就"互联网+"模式下高校党团共建的强化作出相应的分析。

随着新媒体的不断发展，青少年所受的影响也越来越深。现今传统的党团工作方式已经越来越满足不了当今时代的需求。高校作为宣传马克思主义的重要阵地，也是我党及我团培育人才的重要场所。而互联网及新媒体作为传播思想文化信息的新载体，是现今社会舆论传播的主要方式。因此，高校应把握好"互联网+"的发展特性，创造全新的教学模式，加强高校党团队伍的建设方法，是时代发展的必然趋势。

一、"互联网+"模式下高校党团共建的现状

（一）互联网创造了新型的高校党团共建平台

现今大学生成为我国网民的主体，而网络也是大学生获得信息、相互交流的主要方式。网络具有互动性、即时性强等特点，受到广大学生们的喜爱。而在网络没有普及的年代，报刊、广播、电视等是高校宣传党团共建的主要方式，这类媒介的时效性差、传播规模小，不能将党的最新动向及思想传递下去，从而更好地投入到相应的党团建设中。而现今互联网的飞速发展，也使"党团共建"工作进入了一个全新的阶段。通过互联网中的QQ、微信、微博等新媒体平台发布党团信息及相应的活动，对高校党团的思想政治教育方面进行相关的指导。

（二）互联网提高了高校党团共建的科学性

互联网具有传播速度快、范围广的特点，高校的党团建设任务可以利用互联网平台快速地将相关的党务传递给每一位团员及党员，从而增强信息传递的及时性。这是传统媒体传播所不能达到的。运用互联网也能将我党团的最新动态有效地进行传达。如通过相关的网络技术，以信息网络为载体，运用办公自动化系统进行相关的党务建设工作、信息收集及处理、学习教育、评价、经验交流等。通过互联网不仅能够有效地改善传统党建模式的弊端，加快相关党务的建设工作，创造全新的管理模式，还能有效地提高现代化高校党团建设工作的科学性及相应的信息管理水平。

二、互联网模式下高校党团共建的困境

（一）党团共建人员对于互联网平台缺乏相应的重视

由于受到传统思想教育模式的影响，高校党团工作人员对于运用互联网平台进行相关的党务建设缺乏相应的重视，对于"互联网+党团共建"的认识不足，不能有效地理解其存在的意义，从而影响了相关的党务建设工作。

（二）党团运用互联网进行建设的影响力不足

互联网的发展不仅扩大了人们的知识范围，同时也丰富了人们的日常生活。但是由于互联网所传播的信息繁杂，对于利用互联网建设党团的影响力要比其他的信息建设小，部分思想教育工作者的覆盖面不够，对于党性及相关的理念等掌握得不够深刻。

三、现阶段加强高校党团共建的有关措施

（一）加强党务团务工作人员的互联网思想建设

随着网络信息的不断发展与壮大，已经成为现今大众文化传播的主要方式。在互联网环境的影响下，高校党团的建设人员不仅要熟悉党团共建的相关流程，还应熟练地运用新媒体传播方法，进行相关党务的建设工作、开展相应的活动、采取有用的信息、进

行相关的交流工作、学习最新的党的思想等。组建一支技术性强的队伍，加强参与党团建设人员的技术，培养有用的人才。

（二）营造良好的高校文化传播氛围

高校应充分地发挥互联网的教育功能，组织多样化的社会正能量传播活动。运用新媒体平台传播速度快、范围广的优势，将党的最新方针与理念结合校园文化进行传播，帮助学生树立正确思想导向，以学生们喜爱的方式不断地将党团建设融入到校园生活中。同时运用社会主义核心价值观引导校园文化的相关建设，使学生及教师在众多的网络信息中，辨识正确有用的信息，抵制不良信息，从而使互联网能够真正地为党团建设所用。

（三）完善高校中互联网站点及相关的建设工作

在不断完善的党团共建互联网体系中，不仅要加强相关体系的建设工作，同时还应制定出相关的补救措施，建立完善的舆论预警措施，规范相应的管理制度，从而有效地处理突发性事物的能力。

互联网及新媒体的发展与高校党团建设工作的结合运用，是随着时代不断发展呈现的全新局面。虽然互联网给高校思想政治教育工作带来了一定的影响，但是由于互联网的信息量大、传播速度快、覆盖性广等特点，高校党务工作者应对互联网平台进行正确的利用，积极地采用全新的方法，充分发挥"互联网+党团建设"的相关优势，不断地为党团建设创造全新的局面，从而使高校的思想政治教育工作能够有效落实。

第五节　"互联网+"时代社团管理

"互联网+"时代的到来为社会各个领域带来了新的机遇和挑战，互联网技术逐渐被应用于高校学生社团管理中，结合互联网优势可有效地提高高校学生的社团管理水平，但存在一些待解决的问题。因此，探讨"互联网+"时代下高校学生社团管理有效对策尤为重要。

"互联网+"是一种新的经济形态，为高校人才培养提供了更多方向，对培养大学生创新能力具有重要意义。"互联网+"时代下培养具有创新、创业能力的人才，是当今高校的重点育人目标，学生社团管理模式应在互联网环境下创新改革，以顺应时代的发展需求。分析"互联网+"时代对于学生社团管理模式带来的影响，积极解决遇到的问题，培养更适应当今社会发展的创新型人才。

一、"互联网+"时代下高校学生社团的主要特点

高校组织的学生社团能够打破年级、系科界限，将爱好相近的同学聚合在一起，有利于突出学生特长。高校学生社团是文化建设重要的组织机构，内容丰富多样，具有特

殊性，能够开发学生更多潜能。

（一）时代性与传承性特点

高校社团的建立以校园文化为核心，各种元素相互碰撞能够挖掘学生更多潜能，由于受到社会因素、国家政策的干预，校园社团建设体现出了很强的时代性。为了顺应时代发展，让大学生能够快速地融入社会，高校社团活动应该向多元化、现代化方向发展，这是时代发展的必然趋势。此外，高校社团活动不应该仅局限在校内，还可以扩展至校外，让大学生更多地接触社会活动，不断地提高学生的实践能力，让学生在实践过程中不断创新思想，为社团带来更多新鲜的元素。随着"互联网+"时代的到来，高校社团通过网络技术拉近各个成员之间的关系，保证社团活动的有效开展，突出社团的时代性特点。社团建设围绕校园文化展开，每个成员都对高校文化进行有效传承，在社团活动开展中传递着校园文化，体现了高校社团的传承性特点。

（二）教育性与文娱性特点

高校建立社团的目的主要是丰富学生的课余生活，将兴趣相投的同学组织在一起，相互讨论、学习更多有趣的知识。结合互联网促进社团成员之间交流，让学生分享自己的兴趣爱好，丰富知识、技能，每个成员都可以为社团提供新的活动建议。为了提高学生活动参与的积极性，可组织一些娱乐性互动，发挥社团的文娱性特点。社团以发挥队员自身价值为主，组织一些合理、科学的活动，提高学生凝聚力和对团队合作的体验，具有育人的特点。

（三）个性化与大众化特点

高校社团建设门槛很低，很多社团都是在学校教师引导下自发形成的，社团活动内容没有过多限制，社团整体建设逐渐向大众化方向发展。大学生根据自身兴趣参加相应的社团，帮助学生提高兴趣，提升综合能力，学生通过社团活动能够更好地了解自身整体情况，进而在职业规划中融入社团文化、充分发挥个性和优势。高校社团活动对成员没有过多的限制和要求，社团成员通常由感兴趣的学员组成，体现了高校社团建设的包容性，包容性能够促进学生个体个性化发展。

二、"互联网+"时代一些高校学生社团管理现状

高校社团对于大学生自身能力的影响非常深远，为大学生提供业余爱好的施展空间，帮助大学生个人兴趣的培养，促进大学生综合能力的提高。然而，由于一些高校学生社团自身具有自发性、松散性特征，导致社团合理化管理困难。分析互联网时代高校学生社团管理现状，能够为良好的社团管理提供改革方向。

（一）对学生社团管理不重视

高校管理工作往往会将重点放在教学管理上，忽视学生社团管理。学校的不重视，会影响学生参加社团的态度，不利于规范社团成员行为活动。学生在社团中的发展没有

受到有力约束，也没有重视互联网在社团建设管理中的作用，随学生兴趣开设相应活动，活动效果并不显著。

（二）学生社团文化功能承载力不强

高校将互联网应用于学生社团管理，网络成为社团成员文化功能承载的重要平台，高校可利用微博、微信、QQ 群等宣传社团活动思想，增进社团成员之间的交流。碎片式的社团文化思想传播，难以有效实现社团文化的承载力，不利于学生长期学习成长及对高校文化精神的传达。高校社团发展理论与现实之间存在一定差距，简单的互联网社团管理模式难以充分地发挥互联网优势功能，高校学生社团需要进一步提升"互联网 +"管理形式，提高学生社团文化功能承载力。

（三）学生社团管理组织制度不健全

高校虽然设有专门管理学生社团的部门，但就现状而言，学生社团管理并没有达到预想效果。由于社团组织制度管理不明确，存在多层级结构管理的复杂性，影响学生社团管理质量的提升。学生社团管理通常采用一致的方法，而忽略社团的独特性，不同类型的社团没有针对性的管理方式，很难达到管理效果。社团管理过于严谨或过于松散，都不利于学生个体的发展，难以调动社团管理者及成员的积极性和参与度。高校对于学生社团组织活动没有正确、清晰方向的引导，导致大学生没有社团组织观念，在"互联网+"背景下很难找到有效的社团管理制度，削弱了大学生社团管理的个性化和制度化发展。

（四）学生社团管理活动经费保障不足

影响我国高校学生社团管理的主要原因是活动经费不足。由于活动经费有限，导致学生社团的开展没有资金保障，影响社团管理水平的提高。国外高校为学生创建了各种实体，能够提供良好的社团管理条件，社团活动成为不依赖行政拨款的自主活动。但我国高校社团活动经费十分有限，主要来源于学校给予和企业活动赞助的资金，活动经费不够稳定，难以满足学生社团活动建设的需求。此外，一些高校对互联网的了解不足，没有建立起利用互联网资源实现社团管理活动经费扩充的渠道，还需要进一步探讨有效的方式，结合互联网模式拓宽活动经费来源。

三、"互联网 +"时代高校学生社团管理的对策

为了顺应时代发展，高校应该结合互联网更好地进行社团管理，丰富学生的课余生活，拓宽教育渠道。提升高校学生社团管理水平、创新管理模式，是"互联网 +"时代下高校学生社团管理的重要思路。

（一）建立以学生为本的"价值认同"及"品牌化"的创新思维

高校传统教学模式以学生价值教育为主，而"互联网 +"时代的教育思维为分享和互动，需要在传统价值教育基础上融入互联网思维，促进学生社团管理模式优化升级。价值教育不仅包括学生的理性认知，同时还包括价值行为实践、情感认同等，高校应激发学生积极的价值态度，保证学生抱着良好的心态参加社团，促进学生自身优势发挥。

在互联网成为学生社团管理载体时，高校应该积极向学生传达互联网在社团管理中发挥的积极意义，站在大学生角度充分考虑其主体意识、参与意识，以学生为本开设社团活动，让学生完全展示自我的特长，坚持"互联网+"时代下的价值认同思维。

除此之外，"互联网+"发展的重要特征是创新思维，高校是创新改革的重要场所，为了培养更全面的人才，学生社团管理需要重视创新形式。只有突出社团活动的独特性，才能保证社团文化的有效表达，提升社团活动价值。因此，树立高校学生社团管理的"品牌化"创新思维非常重要，增强社团凝聚力，维护社团长期良好的发展。

（二）高校学生社团管理遵循整合思维

在"互联网+"时代影响下，高校学生社团管理模式应遵循整合思维，对各类型社团进行科学、合理的整合，提高社团管理质量。高校学生社团管理需要通过精细分类实现思维整合，进而保证学生在社团里规范思想，针对不同兴趣的学生积极采取有效的社团管理。基于"互联网+"模式，对不同类型社团进行有效整合，提高社团资源利用率，保证社团之间能够有效沟通、联合，真正帮助学生拓展社团活动深度。将娱乐、专业、学术、实践等不同类型社团进行科学整合，切合实际情况为学生提供更有利的活动环境，利用自媒体平台充分利用社团资源，拓宽活动的表达方式。

（三）高校学生社团管理坚持"生本"原则

"生本"原则可以引导高校大学生建立良好的价值观念，实现"互联网+"模式在社团管理中的优化应用，改革以往的学生社团管理模式。只有引导大学生形成正确的价值观，才能培养更优秀的人才，提升大学生的整体素养，高校学生社团管理需要不断地帮助学生确立理性的价值认同。高校学生社团建设要坚持"生本"原则，重视与学生的深入交流，提高学生的综合素养，完善学生人格的同时为其发展提供更优的环境，激发学生的主体意识，更好地利用"互联网+"优势发展。不断完善高校社团管理方式，发挥学生优势，坚定立场，提升高校社团管理质量。

（四）高校学生社团坚持互联网管理模式

在"互联网+"时代下，应该利用多媒体平台实现高校学生社团的优化管理，为了促进师生之间的关系，可利用微信群、QQ群等对社团活动进行宣传，进行更多的交流，提升社团活动的执行质量。高校学生社团管理人员应该积极引导学生规范交流信息、内容等，保证每一位社团成员都能在网络群组中有效发言，避免刷屏现象。针对社团活动进行积极讨论，社团管理者通过网络将活动内容上传到网上，不断宣传社团活动，提高社团活动的参与度。

高校社团管理能够帮助大学生丰富课余生活，各高校都十分重视社团管理发展情况，应积极探讨社团管理在"互联网+"时代下的发展对策，以提高社团管理质量。互联网技术应用于高校社团管理中会遇到很多问题，需要高校在实践中探寻更科学、合理的管理模式，以学生为主体，帮助学生强化兴趣技能。重视调整大学生整体思维，以更好地适应互联网环境，提高社团活动的参与率，保证高校学生社团在互联网时代优化发展。

第六章　现代教育教学管理的实践应用研究

第一节　激励理论在高校师资管理中的应用

伴随着社会现代化建设，传统教育模式已经跟不上社会发展的脚步，因此，我国教育部门根据这种情况开展了新一轮教育改革工作。教师作为高等院校中重要组成部分，对一所高校的发展有着不可替代的作用。因此，将激励理论融入高校师资管理工作中，才能激发教师对工作的积极性，从而提高教师的教学质量与学生学习效率，促进高校快速发展。基于此，本节对激励理论在高校师资管理中的应用进行了简单的分析。

现阶段，高校师资管理指的是一些高等院校利用科学合理的方法对教师进行管理，以达到更好的发展效果。激励理论主要包括激励、培训、考评、惩罚等，这些方面对师资管理的水平有着很大的影响。因此，高校在发展过程中需要将激励理论进行不断的完善，只有这样才能提高教师的教学质量。

一、激励理论在高校教师应用中坚持的原则

（一）精神激励与物质激励互相支持的原则

现阶段，高校在进行师资管理过程中，要以精神激励与物质激励相支持的形式来满足教师在工作中的需求。做好精神激励才能为教师树立正确的价值观与思想观，并满足教师物质上的需求。同时，精神激励还在一定程度上保证教师的工作动力。但是人又是一种客观的存在，每天都会因为一些琐碎的小事而产生烦恼，所以需要将精神激励与物质激励相结合，只有这样才能满足教师心理、精神、物质上的需求，从而做好教学工作。

（二）奖励与惩罚相结合的原则

奖励与惩罚在心理学与科学中被称作为强化刺激，对于教师在日常工作中一些复杂、烦琐的小事进行反馈，并对事情结果进行分析，判断出对错。奖励激励常常被人们称为正强化，需要根据社会发展现状来制定对应的奖励对策。惩罚又称为负强化，是指在工作过程中一些事情不符合社会期望和组织的要求，从而导致所做之事出现错误。在这个经济快速发展的时代下，教师每天都会处理一些大事小情，从而导致他们的心里所想变得十分复杂，导致在教学过程中出现一些不稳定心理。因此，各高校在对教师进行激励时，需要打破传统思想束缚，做到惩罚分明，只有这样才能真正地将激励理论在高校师资管理中得到广泛应用。

（三）内在动力与外界压力同时发挥作用的原则

教师在工作过程中，常常会产生一些内在动力与外界压力。内在动力主要是靠教师的精神力量与对工作的喜爱而产生的动力。如果教师热爱这份职业就会在教育工作过程中获得一定的成就感，使自身在教学过程中充满正能量。现阶段，教师在教学过程中常常会出现一些好强心理，因此，学校要跟上社会发展的脚步，联系教师的教学现状优化教学设备，为教师制定对应的教学目标，只有这样才能给教师的工作带来一定的压力，使教学工作变得具有挑战性，从而增加教师的成就感，提高教师的教学质量。

二、高校师资管理现状

（一）师资流动性大

高校教师显性流失是指教师离开原来工作高校，进入到其他高校中或者进入到其他行业中。高校教师流入到社会其他行业中，主要的原因是社会其他岗位能够为教师提供更好的薪资待遇。例如，很多大企业为在市场竞争中占据有利地位，聘请专业且技术高的教师加盟。对于改行的教师来说，他们冲破了观念上的束缚，去挑战新的行业。高校教师的隐性流失是指教师在编不在岗，很多教师在没有离开本职工作时，将大量时间与精力放到第二职业中。或者是很多教师不安于本职工作，导致高校教学质量严重下降。例如，某些名专家、名教授利用知名度，到其他高校中应聘名誉院长以及客座教授等，一方面挂名招收研究生，另一方面也申报科研课题。隐性的教师流动，实际上是一种消极怠工，教师对于本职教学的积极性不高。基于高校师资的这些问题，对师资管理带来严重的影响。

（二）师资管理激励机制匮乏

目前，由于很多高校师资管理机制中都是以学校发展角度进行管理，从而忽视了相应的施教者的精神与物质鼓励，现行的高校师资激励机制难以满足教师的教育教学需求，导致很多高校教师从经济欠发达或者不发达的地区，流动至沿海经济发达区域或者是国外。而经济发达地区并没有向经济落后地区进行人才补充，高校教师流动无序性加重，严重地破坏了不同区域间的人才的平衡。促进高校发展，需要在高校师资管理中加入师资管理激励机制。

三、高校教师的有效激励方式

（一）目标激励

高校应该结合各教师的教学现状，制定出一个对应的激励目标，只有这样才能调动教师的个人行为，将教师往一个正确的方向引导。明确激励目标可以有效地提高教师的前进动力，并结合个体目标产生巨大的合力。高校在制定激励目标时，应做到以下两点：一是设置客观合理的激励目标：该目标必须要以高校的教学条件与水平相一致，教师可以通过自己的实力来完成目标，并保证教学目标具有较强的挑战性；二是教师的个体目标与学习发展目标结合：把教师的眼光放得更加长远，使教师在工作过程中认识到自己的重要性，从而激发教师对工作的积极性，提高教学质量与效率。

（二）竞争激励

设置竞争激烈环节可以为教师创造一个优胜劣汰的教学环境，使教师在工作中感受到一定的压力，从而激发教师努力奋斗。随着高等教育不断的改革，高校应该制定全新的人才招聘制度，并让一些资深教师担任考核工作人员，让教师认知到当前教学环境竞争的激烈性，只有这样才能使教师在日后的工作中发挥重要的作用。

（三）考评激励

考评激励制度是对教师日常工作的表现进行考核评定，并以一个科学、公平、公正、公开的态度进行考评，只有这样才能提高教师工作积极性与工作效率。教师通过考评制度可以发现自己在工作中的不足，并加以改正，提高自身的教学素质。通过考核的反馈工作，开启优胜劣汰工作制度，使教师在工作过程中产生一定的压力感与竞争意识，从而自觉地树立全新的发展目标，加大工作劲头，为高校的发展作出巨大的贡献。

（四）环境激励

实现高校师资管理，并且稳定现有的优秀教师资源，需要高校为教师提供良好的发展环境。第一，生活环境；第二，教学环境。为了鼓励科研教师能够安心投身于教学研究中，高校应该为教师提供良好的生活环境，提升高校教师的生活质量。并且从多渠道筹措资金，为教师提供福利。当教师投身于教育与科研中时，能够为教师提供奖励，对他们在教学上的精力投入以鼓励，以酬留人。在我国出台的"特聘教授"制度，就是提升高校教师待遇的典范。高校教师在这种资源待遇下，一方面提升了工作热情，另一方面也实现了精神上的满足。

在教学环境上，高校需要为教师创造浓厚的学术氛围，这样才能够有效吸引学术大师的加入。良好的学术氛围与其他的薪酬待遇相比，更具有吸引力，在浓厚的学术氛围中能够尊重个体发展，以及实现个体与学校发展的同向性。优秀的高校教师能够在轻松的学术氛围中发挥自己的特长，并且能够在教师全体内部产生比较强的向心力和凝聚力。因此，在高校中营造浓厚的学术氛围，是高校实现教师合理流动的关键。

本节对激励理论在高校师资管理中的应用进行了简单的研究，希望我国专业教育人员加强对激励理论在高校师资管理中的应用的研究，从而提高教师的教学质量与学生的学习效率。

第二节　计算机技术在高校教学管理中的应用

随着教育改革的不断深入，各高校教学管理体制也不断完善，教学模式向多元化模式发展，致使高校对教学信息的处理与分析工作日益增多，传统的教学管理方式已经无法满足高校教育管理的需求。在这种背景下，为了实现高校教学目标，将计算机技术应用于高校教学管理中，通过计算机技术对教学过程实施科学、合理的管理，能够有效地提高高校教学管理水平，使高校教学管理从传统的单一化向现代化发展，计算机技术已经成为高校教学管理的重要手段之一。

高校是为社会培养人才的重要途径之一，教学是高校工作的核心，教学管理是教学的核心。教学管理为教育提供人力、物力、技术等方面的支持，对教育教学有着至关重要的影响，高校教学管理水平也直接影响着院校本身的教学质量。教学改革的不断推进，教学管理的难度也随之增加，而计算机技术在教学管理中发挥了重要的作用。本节对教学管理进行简要概述，分析计算机技术在高校教学管理中的具体应用，并探讨计算机技术在高校教学管理中的提升策略。

教学管理服务于教育教学，对教学起着重要的指导作用，是教学工作的基础保障。随着教学改革的不断深入，教学管理工作也日益向信息化发展。教学管理信息化以实现教学为目标，通过计算机技术对教学过程实施高效的协调、组织、计划等工作，高校教学管理信息化是现代化教学的发展方向。高校教学管理是教学管理的衍生，高校教学管理信息化是将计算机技术应用于教学管理中。

信息技术的发展为高校教学管理水平的提升提供了重要的推动作用。但是随着教学管理信息化的不断深入，计算机技术在其中的应用还有很大的提升空间，这里所指的并非是技术与资金的问题，而是管理意识的落后。首先，是对选用的软件无法作出准确的预期，造成软件使用后期无法进行有效的升级，迫使高校更换新的软件系统，工作人员要重新熟悉软件的操作流程，降低了工作效率；其次，高校教学管理没有进行科学统筹，造成不能实现各部门之间的数据共享，高校教学管理工作相对较为繁杂，如果各部门之间的信息无法做到共享，会严重增加工作人员的工作量；再次，计算机技术在教学管理中的应用缺乏合理的责任机构，没有配备专业技术人员，软件系统需要不断地更新和升级，管理工作也会由于一些工作的变更对系统进行更改，这时需要专门的责任机构来完成。如果由不专业部门进行操作，会对整个系统产生威胁，甚至造成严重后果。

一、计算机技术在高校教学管理中的具体应用

高校教学管理的内容相对较为繁杂，需要各个部门交叉配合，以教学计划、学生学籍管理、教学质量管理为主，将这些环节通过计算机技术管理，可以明显地提高工作效率。

计算机技术可以应用于高校教学管理的多个领域。例如，对学生的学习内容和成绩的管理，对教师教学质量的评价和监督，对日常课程和教室的管理，等等。

（一）计算机技术在成绩管理中的应用

对学生的成绩管理是学习管理的重点内容之一，要求对学生所学课程的全部成绩进行管理。高校学生在校课程最少的也在 30 多门左右，大量的学生成绩数据处理时十分繁琐，如果采用手写方式进行采集，工作量是难以想象的。计算机技术能够很好地解决这方面的难题，大大缩短工作时间，降低工作强度。在每一学期结束后，管理工作人员可以依照管理软件的要求，以班级为单位，通过计算机管理软件将学生所学课程成绩进行录入，这样学生的成绩就被完全采集，计算机可以自行计算出学生的总分、班级总分、及格率等多种数据，可以根据需求查询所需资料，提高工作效率。

（二）计算机技术在教学评定中的应用

教学质量是高校发展的生命线，传统以学生答卷对教学质量进行评定的方式已无法适应当前高校的发展脚步。新形势下各高校扩大招生，学生数量不断增加，随之教学管理的工作也不断增加，如果仍然采用学生答卷、部门整理再反馈教师的方式会严重降低工作效率。通过计算机网络对教学质量进行评定和管理，能够做到及时反馈、综合分析。学生可以通过计算机对教师的教学效果给予评价，既方便又快捷。计算机对学生所输入的信息进行统计和整理，并作出综合分析，使教师能够及时查询学生对自己的评价，教学主管能够及时地掌握教师的教学效果，是教师考评的重要依据。同时，计算机对教学质量进行监督管理可以面向不同用户，根据用户的不同角度为其提供相应的服务。教师可以在系统中查询本人教学质量的评价结果，从而根据评价对教学进行完善和提升；教学管理人员要在系统中查询所有教师的教学效果，对教师的教学质量进行比对，评选优秀教师，鼓励落后教师。学校可以鼓励学生积极地参与到评价活动中来，还可以对学生实施硬性评价，学生想要查询成绩或者选课，首先要完成对教师教学质量的评价，完成后才能够进行下一项活动。网络评价系统有效地推动了教学改革，提升了教学质量。

（三）计算机技术在日常教学管理中的应用

通常情况下，高校专业教师的工作时间比较自由，除了规定的课时外一般都不在校内。计算机技术为教学管理部门对这些较为特殊的群体管理提供了更好的交流方式。管理人员通过计算机网络，只需将教学通知等信息进行发布，就可以完成教师教学方面的管理。

对于教室的管理也十分的便捷。通过计算机对教室管理，能够全面地掌握全校的基础容量、多媒体设备安置、使用信息等情况，并进行记录，能够快速、准确地查询各教室的使用情况，从而合理安排课表，有效提高教室的使用率，更好地为学校服务。

二、计算机技术在高校教学管理中的提升策略

计算机技术在高校教学管理中的应用，大大提高了高校的管理水平和管理质量，使教学管理走向信息化。随着教育管理改革的不断深入，计算机技术的提升对高校教学管

理水平的提升有着明显的效果。从计算机技术在教学管理中的作用层面来看，提升教学管理系统开发技术、提高技术人员的综合素质以及加大教学管理的资金投入，能够有效地提升教学管理水平。

（一）资源管理的提升

计算机技术在高校教育管理中的应用，成为高校提升教学质量有力的后盾。高校在引进系统软件时，要结合学校自身的实际情况，作出整体规划，选择适用的系统软件，充分发挥高校自身内部的知识和技术资源。

教学管理需要院校每一部分的配合与参与，才能够统筹兼顾，实现资源共享。计算机技术对教学管理工作人员也提出了更高的要求，工作人员不仅要有扎实的教学管理知识的经验，而且还要具备计算机应用、信息处理的能力。

（二）组织管理的提升

基于高校管理具有多业务的交叉性，造成管理流程较为繁杂。因此，应在教学管理的所有环节设定一个部门，构建基于系统数据流转的体系，使数据流贯穿工作业务，基于流程的指导方向，实现工作结构与组织结构的流程再造。

一些高校由于管理系统无法进行拓展，或者是升级后的系统不适用于本校的实际情况，只好进行信息系统的更换。高校可以设立专门技术管理的部门，这样一来就可以针对学校自身的发展需要选择引进系统或处理技术问题，实现高校的个性化和稳定发展。

（三）质量和管理的提升

计算机技术应用于高校教学管理，能够助推高校实现教学管理的程序化和标准化。高校应针对自身发展的实际情况，制定教学管理规章制度。有了规章制度的约束，才能够降低出错率。高校还应构建相应的评价机制，对高校各部门的教学活动进行评价、反馈和总结，以便能够对管理制度进行及时的修改和完善，使计算机技术更好地为教学管理服务。

（四）风险管理的提升

教学管理信息、数据存储的安全应得到有力的保障。高校应加强计算机技术的安全性，对教学管理数据进行备份。就目前而言，许多高校采用在服务器上运用 RAID 技术进行硬盘数据冗余保护，不过这并不能从根本上解决数据安全问题。高校可以建立数据中心，利用云存储将数据进行集中存储，或建立异地存储中心，防止由于自然灾害或其他原因引起数据丢失后无法恢复。

随着社会的发展及科技的进步，信息技术已经日益深入到我们的生活中，为我们的生活和工作带来了方便和快捷。同时，信息技术也逐渐深入到各个领域，教育部要求高校顺应时代的发展，以信息化助推教学改革，以计算机技术为核心推动教学管理的现代化发展。在高校教学管理中运用计算机技术，一方面，简化了管理工作人员的工作；另一方面，提升了高校教学管理的综合水平。

第三节 柔性管理在高校教学管理中的应用

近几年，各个学校的教学改革不断推进，传统的高校教学课堂管理方式已经不能适应现代教育模式下学生的学习需求。高校教学必须寻求新的教学管理方式，提高学生的课堂学习积极性，培养学生思考能力、动手能力以及表达能力，建立良好的师生关系、同学关系等，使全体学生融入一个和谐共进的环境下，使学生积极参与到课堂教学过程中，提高学生学习效率。柔性管理的实施有利于调动学生、教师对学习工作的积极性和主动性，凸显以人为本的特质，最重要的是对推动社会文化发展起着积极的促进作用。本节研究主要分析与探讨柔性管理在高校教学管理中的应用。

目前，许多高校都沿用刚性教学管理基本模式，强调以外在的规范，使人们有明确的行动方向。随着知识经济的到来，尤其对于高校教学管理来说，要寻求一种符合时代特征和社会发展规律的教学管理模式，因此，将柔性管理应用于高校教学管理中对提高教学质量和人才培养水平都有着重要的促进作用。

一、柔性管理的内涵

（一）体现个性化教育特征

个性化教育即承认学生在智力、生理、情感及社会背景等不同方面的差异性，要充分了解对方兴趣、爱好及特长，有利于区分学生特点，更好地开展教学，使其获得教育满足。因材施教即充分理解学生个性、价值、尊严，在教学中不断地发现学生的特长和闪光点，鼓励学生大胆思考，从探索中寻求知识。高校教师要尽可能地让学生成为自主学习和自我管理的主角，尊重对方在学习和生活中的主体地位，积极发挥其聪明才智和创造性，提高学习效率。

（二）具有激励作用

马斯洛的需求层次理论把人类需求分为不同层面，即生理需求、安全需求、社交需求、尊重需求、自我实现，其中尊重需求和自我实现需求是人类需求中的最高层面，同时也是人类生活中的激励因素。

二、高校教学管理的影响因素

（一）教师自身因素分析

教师是学生的引导者，在教学过程中起着重要的作用，教师的教学观和学生观以及在教学活动中的行为对教学管理具有一定的影响。教师作为行为模范，如果不能摆正自己在教学中的态度和行为，就会影响师生关系，可能会成为教育过程中的主宰者，师生之间只能形成管理与被管理的关系，无法实现和谐共进教育管理的目的。

（二）家长方面的因素

家长的成长观和对学习的态度直接影响着教育的质量，家长是学生的法定监护人，如果没有正确的教育观、成才观，没有以正确的态度对待学习，势必会影响学生的学习态度，同时也影响和谐共进教学管理措施的实施。

（三）学生自身方面的因素分析

学生是教学的主体，随着年龄的增长，学生在和谐师生关系中的影响逐渐增大，如果学生没有正确的学习观念、良好的学习习惯和学习态度，不仅会影响和谐师生关系的建立，同时也影响着教学管理的实施。

三、高校教学管理应用柔性管理的价值

（一）高校现状需要柔性管理

到目前为止，国内很多高校没有形成科学完整的管理体系，过于强调和传统高校相同的教育规律，没有体现高校的特点，学校教师岗位配置和相关机构的设置也和行政单位相似。在实际操作过程中，管理格局没有实质性的推动如学校管理体制和教学管理体制等方面的内容，只局限于领导体制和教职工管理体制。同时，高校在实现快速发展的同时面临着经费、师资和资源等问题。柔性管理的实施恰好可以应对高校面临的挑战，协调和组织各种教育资源，有效提高高校办学实力。

（二）符合文化市场需求

高校教育和高校体制改革是高校教育工作者首先要考虑的问题。当前，经营性文化产业和公益性文化事业是我国改革文化体制的主要思路，在上述两个思路引导下，文化交流、服务、管理及生产都会以不同于其他教育领域的方向开展，如教育改革如何衔接文化体制、人才培养如何衔接市场需求及培养机构的确定的实现都可借助柔性管理。

（三）师资队伍建设需要柔性管理

当前，师资队伍素质是高校重点关注的问题之一。导致师资素质较低的主要有两方面原因：一是没有较强的学科专业创新能力，部分教师面对快速更新的新知识技术只处于浅层阶段，学科也缺乏和专业最前沿接轨的领军人才；二是学历普遍偏低，大部分院校师资都为本校毕业生留校为主，有严重的"近亲繁殖"现象。对此，高校应实施柔性管理，建立一支结构合理、创新精神高及素质优良的师资队伍。

四、柔性管理在高校教学管理中的应用

（一）建立以人为本的教学管理理念

高校教学管理主要对象为教师和学生，实施管理的目的在于坚持面对服务对象和教学第一线的首要原则，调动学生和教师的主观能动性和积极性，贯彻"以人为本"思想，

不管出台何种教学管理制度、政策及措施都要和上述要求相符。为提高学生主体地位，教师要及时鼓励学生参与在教学管理中多发表意见，适当时并给予决策，一定程度上可以使高校学生将随时变化的社会环境转化成促进自身奋发进取的内在动力。此外，还要加强教师与学生之间的沟通，因为有效的沟通能使双方获得理解后，在达成共识的基础上开展教学管理工作。

（二）建立激励、流动机制的柔性人力管理资源

高等院校所建立的柔性激励机制在于根据教师工作环境制定宽松和谐的工作方式和激励考评方式，有利于真正实现高素质创新人才培养目标。科学合理的激励机制主要集中在教师业务水平考核、教学改革、教学岗位津贴分配等，能促使教师在改革方面主动积极地分析、思考、钻研各种创新活动。在培养新型专业人才时，要进一步优化教师教学专业课程设置，构建有利于专业学生综合素质培养的课程体系，要采取各种形式及措施转变学生观念，重视综合性文化基础知识的学习，从而形成具有创新意识的高素质专业人才。

（三）建立适应个人、社会需求的柔性管理

柔性管理体现以人为本的本质，强调在自由发展的基础上发挥自身潜力，极力维护人的尊严。高校作为培养高层次人才的基地，十分适合采用这种管理方法，尤其该方法强调以德服人，通常会在潜移默化中促进人的行为改变。再加上目前高校教育逐渐往大众化方面转变，要求学生加强综合课程的学习，将传统的专业理论、公共课和专业课整合为具有职业基础和性能的课程，有效增强学生就业针对性。要加强培养创新型教师人才，即对教师的教学方式、思想观念进行创新，通过此种方式对学生产生影响，促使学生发挥创造性和内在潜力。学校要为教师构建一个充分施展自身才华的平台，以此激发师生的上进心和积极性，尤其激励教师大胆对教学进行改革，打造各种创新型优秀人才。

总之，随着我国经济水平的不断提升，教育观念、方式相对于以往也有所改变，目前许多高校都强调教学质量和管理，希望能提高人才培养质量。柔性管理的实施有利于调动学生、教师对学习工作的积极性和主动性，凸显以人为本的特质，最重要是对推动社会文化发展起着积极的促进作用。

第四节 社交软件在高校教育教学管理中的应用

社交软件具有直观形象、资源丰富、便于操作、节省时间的特点，目前已经在高校的教育教学管理中进行了广泛的应用和普及，但是在利用社交软件教学管理的过程中也暴露出一些新情况、新问题。要通过科学引导、强调纪律、经常维护管理、积极搭建平台的措施不断地强化社交软件在教育教学管理中的应用。

随着市场经济的迅速发展和网络技术的日益普及，高校教育教学管理中对社交软件的利用越来越普及，甚至成为不可或缺的教学工具。在充分享受社交软件便捷服务的同时，如何克服社交软件管理中的漏洞，充分利用好社交软件，结合传统教学手段，不断地提高教学效率，进而培养出高素质、能适应社会需求的综合能力突出的大学人才，是学校和教师必须面对的课题和义不容辞的责任。

一、社交软件在高校教育教学管理中的应用现状

目前在高校中应用最广泛的社交软件就是微信、QQ 和微博，有的学校还开发出了本校的校园网 APP 软件。主要应用方式和环节有：在课下学习交流活动中，一些教师通过建立微信群、QQ 群等方式，把相关教学的学习内容和资料分享到群里，让学生在茶余饭后利用碎片时间，根据个人学习进展情况进行浏览复习，不断提高时间利用效率。有的教师和管理员通过在 QQ 或微信里建立班级群，安排布置教学作业，督促辅导学生消化所学知识，及时在群里传达学校最新通知和有关要求。有的教师和管理员通过学校建立的 APP 平台，把最新发生的、具有典型意义的教学案例和安全注意事项推送到平台上，组织大家讨论交流，让学生获知最新消息和前沿知识，对日常安全提高重视和警惕。少数院校利用 APP 平台开展教学评价活动。借助社交软件让广大师生摆脱纸质评价模板的束缚，学校教务部门利用手机 APP 实时组织评价，学生通过手机 APP 实时动态地反馈学习听课意见和所需所求，进而减少中间工作人员的统计环节。

二、社交软件在高校教育教学管理应用中存在的问题

尽管目前社交软件在高校教育教学管理中应用得比较多，从总体上取得了较好的效果，但仍然存在一些问题，主要有以下几点。

（一）部分教师过度依赖社交软件进行教育教学管理

越来越多的教师和管理员体验到了社交软件进行教育和教学管理的便利之处，但是也存在过度依赖的倾向。一些教学活动本该由教师和学生在教室内面对面地开展，但是，一些教师图省事就把相关教学任务发到群里，组织学生讨论、提意见，失去了面对面交流的氛围和情境。还有一些辅导员把谈心谈话也变成了 QQ 和微信文字或者语音聊天，思想政治工作的实效性大打折扣。

（二）部分教师的信息知识结构不尽完备

主要是一些岁数较大的教师，尽管经过了个人努力的学习，但由于对信息化教学辅助工具不够熟悉，思想观念相对比较传统，习惯于传统的粉笔、黑板教学道具，所以，在利用社交软件等信息知识结构方面还不是十分完整，所以，在利用社交软件进行教育和教学管理中还有一定的抵触情绪。

（三）社交软件的管理维护不理想

QQ、微信等社交软件在教学管理应用的初期，学生具有很强的新鲜感，群里比较热

闹，互动交流也比较多。但是时间一长，学生渐渐失去了新鲜感，对群里教师和管理员的通知和要求，也不能做到及时回应，有的群甚至变成了僵尸群。一些教师和管理者仅满足于在群里通知过了、要求到了，但是由于学生不及时回复，一些学生是看到了不回复，有的学生则是真没有注意到。教师和管理者对各项通知和要求是否真正通知到了学生、是否真正入心入脑，并不掌握。由于管理维护不理想，容易造成传达上的误会和失误。

（四）利用不好则影响学生的正常学习

从严格意义上讲，社交软件交流沟通是教育中的重要组成部分，具有良好的发展前景，同时在社交软件上聊天就需要有相应的时间做基础。但一些学生利用社交软件谈恋爱、聊天等，没有把时间和精力放在学习上，对学习内容涉及较少，这就在一定程度上对学生的学习造成了影响。

三、对社交软件在高校教育教学管理中应用的思考

（一）加强对社交软件应用的指导和规划

高校要加强对社交软件在教学应用中的规范和统一，制定管理办法，并根据每年的实际情况进行局部调整，以素质教育和创新教育为重点，分年度研究解决社交软件应用的重点、难点问题，不断地寻求利用社交软件辅助教学改革新的突破口。定期进行教育思想研讨活动。每年选择 1～2 个与社交软件相关的专题，在师生中深入开展教育思想研讨活动，不断地强化现代教育理念。适时邀请相关专家教授来高校做社交软件和信息技术辅助教学的教育理论和教学改革学术讲座，有针对性地组织外出参观调研，定期组织学习研讨，通过各种途径和方式，使教师了解社交软件目前在高校利用的发展形势，跟上教育改革的时代步伐。

（二）合理开发应用、积极启发思考

教师和有关管理人员要在建立社交群之后经常进行引导和互动，在运用之前进行认真的调试，保证能够正常使用。在社交群内发布制作的课件和采用的信息化手段要充分考虑学生的需要和特点，积极发挥启发的作用，引导学生积极进行思考。要进行合理规划，把社交软件教学管理手段和传统教学管理手段有机结合，充分地发挥教师的教育引导作用，在师生积极互动中不断提高教学管理效果。通过社交软件教学管理手段，让学习更加直观形象、方便快捷，让学校和班级更具有感染力。此外，有条件的学校和教师还可以利用社交软件为学生进行远程视频授课交流，提供在正常教学过程中无法实现的教学环境。通过这些新技术的应用，增强课堂趣味性，有效地激发学生的学习兴趣和创造力。积极搭建网络互动平台，拓宽高校教育教学管理途径。在教学管理中，学校和教师可以建立专门的微信群、QQ 群、百度云等平台，把学习相关的资料及时发到群里或者平台上供学生学习使用和交流讨论。要在校园网上及时开辟相关教学专区，组织教师和学生积极参与，及时更新、发布学习资料和励志故事，使学生在浓厚的学习氛围中潜移默化地提高。建立手机 APP 教学平台，方便学生查阅资料、观摩案例。通过拓宽教学的信息

传播途径，为培养高素质人才打下良好的基础。

（三）加大信息化建设经费投入，完善信息化硬件设施

虽然目前各级院校都在强调社交软件等信息化手段在教学中的重要性，一些院校也进行了一些投入和建设，但毋庸置疑的是在一些高校教学中，信息化手段的运用还有差距，学校缺乏 Wi-Fi 等硬件设施，学生考虑到自身信息流量的费用问题，对设计软件不能充分利用。建议校方积极主动地适应信息化、网络化的时代要求，进一步提高对高校信息化教学建设的重视，不断加大信息化建设经费的投入力度，对免费 Wi-Fi 等硬件载体要逐项完善。要强化资金使用管理，建立信息化建设资金使用台账，以确保专款专用。教育主管部门和院校要把社交软件等教学信息化手段建设作为单位和教师年度目标考核的重要内容，形成有针对性的目标考核体系，不断地促进教学信息化手段的建设。加强图书信息资料建设。通过社交软件的存储传输功能，丰富信息图书馆藏，增加学生自学所需图书资料，进一步完善高校论文撰写数据库建设，做好电子阅览室扩建工作，实现图书馆信息网络系统升级，通过社交软件进行阅读交流，提高图书馆信息资料保障能力，为学生自学创造条件。

（四）加强教师信息素养培养，熟练掌握社交软件教学应用环节

虽然近几年高校教师的信息素养有了很好的提升，但是离学生的需求还有一定差距，尤其是岁数较大的一些教师，对社交软件等信息化知识掌握得较少，对社交软件还不能熟练操作，习惯了传统的一根粉笔、一块黑板的教学模式。各级院校要注重加强对教师信息素养的提高，要加大对相关信息化专业人才的引进力度。对新聘用的年轻教师，要增加计算机和网络管理相关知识的考核，积极选调精通计算机、网络技术以及 APP 等软件制作的教学人才。要积极引进信息化设备的管理维护人才，加强平时的使用管理和日常维护。对稍微年长的老教师，要坚持问题导向及时制订培养计划，通过组织送出去到信息专业院校进行培训、邀请信息专家来院校授课培训、组织社交软件等教学信息化手段运用好的教师登台谈经验等方式，逐步加强对教师信息化素养的培训，从而使其熟练掌握社交软件辅助教育管理的各个环节，不断地提高高校利用社交软件教学管理的成效。

（五）加强学生学习管理，提高社交软件的使用效率

把学习管理作为社交软件教学管理的主要内容。学生在校的主要任务是学习，通过在社交软件中经常提醒，弘扬正能量，让学生形成良好的思想品德和行为习惯，获得知识和技能。在利用社交软件教育的同时必须把学习管理作为主要内容。采取思想政治教育、引导学习方向、开展学习竞赛、交流学习经验、恰当进行奖惩等科学的方法和手段，端正学生利用社交软件的目的，激发学习热情和学习兴趣，培养学习品质，充分调动学生学习的积极性、主动性，引导学生不断地改进学习方法，为学生创造良好的学习条件，增强学生的学习效果。注意研究新时代学生管理的新特点，结合社交软件的利用，坚持科学管理与严格管理相结合，统一要求与个性发展相协调，行政管理与学习管理相统一，

改变"家长式""保姆式"管理方法，积极探索适应素质教育、创新教育要求的交流管理模式，为学生的全面发展提供必需的时间和空间，营造既严格正规又生动活泼的人才成长环境。

总之，社交软件在教育教学管理中的应用是无法阻挡和回避的趋势，同时也是学校和教师进行教学管理的重要内容。学校和教师要加强学习提高，不断地掌握和利用社交软件辅助教学的技能，从而适应信息化时代对高校人才培养的新要求。

第五节　高校实践教学质量管理平台的建立及应用

通过实践教学的方式培养人才的综合素质，是当前我国教育领域普遍推行的教学策略。实践教学的质量决定了整体教学效果，而实践教学质量管理是实践教学质量的重要保障。本节阐述了实践教学质量管理的内涵以及重要特征，以此为依据对高校实践教学质量管理平台的构建基础进行分析，并对高校实践教学质量管理平台的应用内容以及应用策略进行阐述。

随着社会经济建设对人才质量要求逐步提高，复合型应用人才已经成为我国高校教育培养人才的目标。而实践教学是高校各学科重要的人才培养方式，对提升学生创新意识、创造能力、实际操作等高阶素质具有显著的教学效果。

一、高校实践教学质量管理的现状

实践教学质量管理是高校实现实践教学活动培养学生创新能力和应用能力的关键性保障。当前我国高校对实践教学质量管理的重要性及其作用认识程度不够，多数高校并不具备优秀的实践管理队伍和师资力量。导致实践教学质量管理在构建过程中难以形成坚实的理论基础和系统化的管理机制，进而在实践教学质量管理应用过程中难以发挥其调控与管理的功能，最终出现实践教学质量很难提升的效果。实践教学活动是一项涉及多因素、多维度、复杂化的教学方式，为保证实践教学质量需要科学、系统的管理平台进行支撑。因此，很多高校引入了实践教学质量管理平台。该平台在实践教学过程中各环节能够相互协调、合理且有效地完成教学工作，使实践教学发挥出培养人才综合素质的教学优势。建立实践教学质量管理平台，不仅是提升实践教学活动教学质量的核心途径，更能够为高校的整体运行提供规范的管理制度和强大的数据支持。

二、高校实践教学质量管理的重要特征

实践教学质量管理是根据一定的标准对教学活动各环节进行调控与检测，以提高实践教学质量为目标的行为。首先，教学的内容与实际生产、生活密不可分，实践教学质量管理具有实践性的特征是毋庸置疑的。其次，实践教学的内容、教学方式以及教学环

境等因素需要多方面进行协调与配合，教师、学生、校外指导人员、实验技术人员等多个对象需进行系统化管理，决定了实践教学质量管理的复杂性。最后，学生参与科学研究以及各种社会实践活动，不再是简单地运用老师指导的内容，需要充分发挥学生自主性和创造性，因此，实践教学质量管理具有学生主导性的特征。

实践教学质量管理在教学活动中对教学质量的提高起到了积极作用，对教学活动中可能出现的问题进行科学预测并对已出现的问题进行有效解决；实践教学质量管理对教学中各环节的顺利运行起到了合理调配的作用，帮助各环节教学功能得以有效发挥，并对教学环节进行系统的数据统计，为后期的教学考评工作提供客观的数据参考。

三、构建高校实践教学质量管理平台体系

（一）完善创新型实践教学内容

创新型实践教学内容是实践教学质量管理的核心目标。该教学内容主要有四个部分：基础能力训练、综合能力训练、单向实践训练以及社会实践训练。这四部分主要是对学生的创新思维意识和实际解决问题能力进行系统化的培养与锻炼。创新型实践教学内容的设置与完善，需要建立在高校教育理念的科学性与先进性的基础上。高校教育理念的科学性体现在对传统教学观念的改革以及传统优秀教学经验的继承；高校教育理念的先进性体现在以创新意识和科学发展观为指导，将教学内容与信息化管理平台相结合。因此，高校教育在具有科学性和先进性的教育理念指导下，将以上四部分教学内容得以实施，培养学生科学思维模式、综合思维模式、创新思维模式和解决复杂实践问题的能力。

（二）完善实践教学质量管理制度

实践教学质量管理制度是实践教学质量管理在具体实施中的依据和标准。该制度在制定中应遵循科学、有序、合理的原则，并结合客观实际情况进行定期更新，以保证实践教学质量管理制度的可操作性。该制度包含实践教学质量标准、创新实践项目管理制度、实践教学课堂管理条例、实践课程教学质量考核制度等四个方面内容，其主要目的是以教学质量、教学效果为衡量标准，对实践教学活动中各环节进行规范与监控，使实践教学活动能够按照既定程序设计顺利完成，产生良好的既定效果。因此，实践教学质量管理制度的完善是实践教学质量管理工作有效展开的基础，也为验证实践教学每个环节是否达标提供有力依据，所以，实践教学质量管理规范的制定与完善迫在眉睫。

（三）优化实践教学质量管理信息处理及反馈渠道

实践教学质量管理信息处理以及信息反馈是实践教学质量管理的重要环节，在整个管理流程中扮演着不可取代的角色。在实践教学活动中各环节出现的问题以及主动反馈的问题，都需要及时被实践教学质量管理人员进行分析并解决问题，保证实践教学活动有效开展。由此可见，信息渠道是连接实践教学质量管理机制与实际问题的桥梁，不仅对重要信息进行互通式的传递，同时也是教师、学生、各级教学管理人员对实践教学质量管理工作提出意见的必要路径。信息渠道得到有效运行，是实践教学质量管理工作得

以顺利开展的保障。对于信息渠道运行的方式应融合信息媒体技术，建立实践教学质量管理公众信息平台。该平台应具有一定的开放性，并对各种网络传播途径具有兼容的功能，进而使实践教学质量管理工作内容的发布、反馈信息的获取实现有效的连接。信息媒体传播技术拥有便捷性与即时性的优势，帮助实践教学质量管理平台及时获取有效信息，促进实践教学活动与实践教学质量管理在最短时间内实现有效信息的互动，实现工作效率的最大化，从而使信息渠道的运行能够保证实践教学管理工作的质量。

四、高校实践教学质量管理平台的应用

实践教学质量管理平台是在实践教学管理体系的基础上进行构建的，与高校的各管理部门相对接，在平台上进行资源共享，具体可分为以下四个大类：

（一）实践项目教学质量管理平台

实践项目教学质量管理平台具有实践项目管理、实践过程管理、实践教学任务管理和实践课程排课管理等功能，该平台是实践教学质量管理的核心。由于实践教学本身具有复杂性的特点，涉及与课程相关的设备、材料以及师资等多方面，都需要实践教学质量管理平台发挥协调与评测的作用，平衡相互之间的关系。实践项目管理内容主要包括：项目序号、项目名称、项目类型、计划学时、项目要求、所用仪器设备以及运用原理等基本内容，并与高校课程管理数据系统相联系，按课程分类将教学课件以及教学题库进行排列，方便实践教学过程中教师与学生的使用。实践教学过程管理有实践课程预习、实践报告提交、实践成绩汇总等功能，为教师的实践评测所有环节进行过程管理提供数据支持。该基础数据在实践教学质量管理平台中得以保存，长期有效不易丢失，并共享给各教学部门，为查询数据、互相学习交流提供便利。实践教学质量管理平台对实践教学任务的管理主要是从教学计划方面着手，对实践课程的名称、单位（班级）、授课教师、授课学时、学生人数等相关资料进行记录和统计。实践课程排课管理功能充分考虑课程特点，结合教师与学生的时间安排，在不冲突的情况下进行顺序排课和循环排课。该模块为教师、学生和管理部门提供了修改、查询与实时更新等功能。

（二）独立设课教学质量管理平台

独立设课教学质量管理包含除毕业设计和实践类课程以外的所有实践教学类型环节。虽然在教学活动中具有复杂性的管理特点，但是从质量管理的角度上也具有相同的特征。其主要构成部分为：课程前期计划安排、学生教学任务分配以及对实践教学过程的管理监督和教学成果提交与认定。主要流程是实践教学活动的任务负责人向独立设课教学质量管理平台提交实践教学计划与安排，主要包含学生的分组、经费预算、课题发布、后勤保障等内容。该平台需要对课程各环节间进行协调，保证除毕业设计和实践类课程以外的所有实践教学类型环节顺利完成，强调实践教学质量管理工作的调度功能以及具体掌控能力。

（三）毕业设计管理平台

实践教学质量管理工作对毕业环节进行管理与调度，实现毕业生对毕业论文写作、帮助导师指导工作的有效开展，相关管理部门可以通过毕业设计管理平台对学生的论文完成情况进行查阅。毕业设计管理平台主要包含：选题、开题、中期检查和答辩等管理功能。其中，选题管理需要通过师生互选、多级审核等功能对选题质量把关，保证学生的选题方向符合要求。开题管理包含开题报告撰写以及学生对文献资料的查阅等内容。中期检查是对学生写作进度情况的考察与记录。答辩程序以及答辩记录可以通过毕业设计管理平台上传网络管理系统，为毕业设计指导工作提供方便。毕业环节的教学质量是实践教学质量管理中的重点部分，涉及学生写作、教师指导、相关管理部门审查等工作，三者之间关系紧密，需对其进行详尽且合理的管理设计和管理落实，帮助毕业环节中各主体对象能够高效地完成任务，也可以促进相互间的配合与协调。

（四）教学档案管理平台

教学档案是高校教育教学活动评估与分析的重要依据，同时也是实践教学质量管理的直接载体。教学档案管理平台通过对教学档案进行有序存放、分类汇总、统计档案数据，可以实现和教务管理平台、师资管理平台、学籍管理平台以及设备管理平台的有效对接，形成更加完备的整体教学档案存储系统。为学校的运行，包括各独立平台的运行提供了强大的数据支持，对高校管理和实践教学工作提供信息处理、数据挖掘、数据分析等帮助。教学档案管理平台在实际构建中需要建立核心数据库，融入信息管理技术，对数据库的管理工作应归属到实践教学质量管理范畴。数据库应用范围包含各教学单位的教学资料统计、实践教学活动数据统计以及高校教务工作数据统计。数据库的建立与完善是提升高校教学档案管理质量的有效途径，制约着高校教学质量改革。

实践教学质量管理体系构建的客观条件是完善实践教学内容，主观条件是完善实践教学质量管理制度，辅助条件是优化实践教学质量管理信息渠道。实践教学质量管理工作是对实践教学活动中的"教"与"学"两部分进行信息化管理，为全部实践课程提供辅助支持，使实践教学质量管理平台发挥协调与评测的作用，平衡各使用对象相互间的关系，帮助独立设课实践教学质量平台强调实践教学质量管理工作的调度功能与掌控能力，协助毕业设计管理平台对毕业论文各环节进行管理和监控，同时对高校的档案管理工作进行优化升级。希望高校实践教学质量管理平台的推进，能提高各项质量管理工作的水平，以促进教育事业的蓬勃发展。

第六节 目标管理法在高校教学档案管理中的应用

近年来，随着高校教育体制改革的不断深入，我国高等教育办学模式也发生了许多重要变化，教学从最初的精英化教育逐渐向大众化方向转变。高校办学规模的扩大，也使高等教育在结构、类型和层次等诸多方面呈现出新的特点。新的教育理念融入高校学科建设和日常教育管理中，呈现出多元化发展特点，给高校教学档案管理提出了新的更高要求。

这也使得高校教学档案种类不断增多，内容更趋复杂和多样，与其他档案相比，除了"自然形成""历史记录""利用价值"外，在内容上呈现出分散性、复杂性特点，时间上的周期性（如本科、研究生学历培养的周期性）以及形成上的成套性特点，给高校教学档案管理提出了更高要求。本节在分析了目标管理法及高校教学档案管理的相关基础上，提出了目标管理法在高校教学档案管理中的应用，为进一步提升教学档案管理质量和效果提供理论参考。

一、目标管理法

目标管理法概念。目标管理法，又称为成果管理法，是 1954 年由美国著名管理专家彼得·德鲁克在其著作《管理实践》中率先提出的。德鲁克认为，不是有工作才有目标，而是有了目标之后，确定每位员工的工作。管理者通过确定的目标对员工进行管理，并将目标分解后转变成部门或人员的分目标，管理者根据分目标的完成情况对其进行考核、评价和奖惩。目标管理法的实质是强调工作的预测性和工作完成的效率性，目标管理法是通过计划、组织、协调、控制等方式提升工作质量和效率。

目标管理法特点。1. 广泛参与。目标管理法强调的是组织中各人员的分工负责、共同参与制定及其实现的具体的、可行的且能衡量参与人员及部门工作绩效的一种管理方法。2. 充分授权。在目标管理法中，管理者会将管理权限下放给人员或部门，人员或部门依据其授权在实现目标范围内享有一定的自主权。3. 注重自控。在目标管理法中，获得授权的人员或部门会在管理者制定的相关激励措施中自主实现目标，这种自主是在充分授权下追求目标实现的一种自我控制行为。4. 共同评价。目标实现与否是由组织机构的管理者、实施者共同评价，并按照预先设定的奖惩制度给予相应的奖励和惩处等评价，因此，更加注重评价的合理性、公平性，使目标管理的评价结果更为客观、公正。

高校教学档案目标管理法内涵。目标管理法应用到高校教学档案管理中，就是以现代科学管理理论为基础，根据高校教学工作的实际情况，以及时代发展对高校教学档案信息管理需求，确定一定时期内高校教学档案管理的预期目标，并据此制定相应的管理方案，分配档案管理人、财、物等资源，并组织实施，最终根据实施的结果，依据相应的评价标准和办法对其工作成果作出相应评价的一种管理方法。

二、高校教学档案管理概述

高校教学档案管理范围。高校教学档案涉及教学、管理、服务等环节，承载着院系各专业教学实践历程，反映高校学生职业能力和素养的重要资料，也是高校长期办学实践中形成的无声教材。根据教育部《高等学校档案工作规范》的相关要求，明确提出高校教学档案应实行"三纳入"原则，即高校教学档案应纳入教学计划、规划，纳入教学管理制度，纳入到各级管理人员岗位责任中。以科研档案为例，它主要包括科研项目从申报、立项、中期检查到结题验收、研究成果的全过程。具体来说，包括有立项论证报告、科研项目开题报告、经费预算报告、科研专家评审意见、审批文件以及各种合同书等；同时还包括有试验阶段的实验原始记录、试验报告、设计图纸、技术说明、项目阶段总结，以及鉴定、验收、经费决算报告、技术转让合同或协议书等。

高校教学档案管理流程。根据教育部《高等学校档案工作规范》的相关要求，明确提出高校教学档案应实行"四同步"原则，即下达教学任务与提出教学文件材料的归档要求同步，检查教学工作与检查教学文件材料形成积累情况同步，评审、鉴定教学质量、教材、优秀教学成果与审查、验收档案材料同步，上报评审材料、教师考核晋升与档案部门出具归档证明同步。高校教学档案管理有着严格的流程管理要求，以教学档案中的科研档案为例，其管理流程主要包括三个步骤。以立项、研制到完成的时间为序，要及时做好科技档案的收集、整理、鉴定、归档和开发利用工作。1.立项。高校科研管理部门根据学校实际下达的当年科研立项计划，课题组申请立项，并填写立项申请书。科研管理者组织人员对申报的立项进行评审，通过评审后下达立项通知书，同期下达课题归档范围。2.研制。课题负责人组织人员收集科研所需资料，并进行科研活动的研制工作，在此过程中形成的具有保存价值的文件及时装入预立卷档案袋中。3.完成。科研项目完成后，课题组会按照科研流程将课题中的资料进行整理组卷，注明保管期限及密级，并由科研管理部门验收，合格后交由档案管理部门负责整理。

高校教学档案管理作用。高校教学档案是高校整个教学工作的真实历史记录，是高校发展中新的教学思想，对全面提升高校教育质量、巩固教育改革成果等方面发挥着重要作用。1.查考凭证。高校教学档案是高校教研活动的原始记录，是教研过程与结果以及教研成果应用的重要见证，也是高校教研工作服务社会中可以查考的凭证，成为管理者做好日常教学管理的证据材料，为其教研活动或制度的设计提供决策的重要依据。教研档案如实记录了高校教师教学活动从备课、评价到教学成果的考核等全过程，是记录教学活动成功开展的重要经验总结，也是高校广大师生了解过去，完成日常学业任务的重要参考资料。2.评估依据。近年来，上至教育部，下至所在地的教育行政主管部门加强了高校教学工作的评估，高校需要将收集到的教学资料（多为教学档案收集范围）提供给评估专家作为教学评估的现实依据。通过教学档案资料的查询，评估组会整体掌握高校教学计划、教学进度及教学完成情况，以及课程设置、科研成果、学生成绩等内容，从而作出一个定量分析和整体的判断，给予教学成果作出科学的客观评价。因此，教学档案的准确性、完整性对于教学成果的评估发挥着重要作用，是教学评估工作的基础。

三、目标管理法在高校教学档案管理中的应用

制定目标。首先是建立目标体系。将目标管理法应用到高校的教学档案管理中，应注重运用科学的程序对高校的教学档案管理的总目标进行详细的规定，并且在总目标确定后将其进一步的细致分解，细化成为若干个小目标上，并落实到具体管理人员和管理部门中，使这些部门或人员有着明确的目标任务。在此过程中，要注意各目标之间的协调性，使整个目标体系更加完整和科学。目标体系可以由年度教学档案工作目标、院系档案工作目标以及学校档案工作目标共同组成。其次，建立明确的目标责任制。为了使已制定的目标能够顺利实施，必须要建立一套完善的目标责任制，使具体部门和具体人员都有相应的目标管理责任。

实施目标。教学档案目标确定后，关键在于实施。在此过程中，要注重教学档案管理者权限下放，以及相关部门或人员一定的自我控制。一方面，能够保证目标完成时所需的权力；另一方面，也要给予人员或部门充分的信任，在目标实施的方法、实施的路径选择等方面尽量少干预，发挥工作人员的积极性。此外，要全程做好教学档案管理过程中的行为控制和监督检查，检查工作人员及部门教学档案目标是否如期完成以及是否存在问题，并及时给予指正或帮助，重点是要比较目标的实际值和期望值之间是否实现，以及实现的程度，从而做到目标管理的动态控制。

评价目标。教学档案人员或部门将档案完成后，管理者要根据之前的目标完成情况进行相应的评价，评价主要包括上级评价、同级相互评价以及自我评价等多种方式，必要时采用多种方式相结合。评价时重点要遵循三个指标的完成情况：目标达到程度、目标复杂困难程度以及努力程度。

第七节 应用心理学在高校教育管理中的有效应用

随着国家对于教育管理的重视，心理学的相关理论和方法开始广泛应用到学校教育管理中去，积极心理学、教育心理学、应用心理学等方面的理论在教育教学中也取得了较好的成就。本节主要探讨应用心理学在高校教育管理中的有效应用。

随着应用心理学在高校教育中的应用，总结了很多有效的方式方法，强化心理学对于教师学生的帮助，应用心理学的应用也在不断地升级和完善。在实际的教育管理过程中，心理学应用有利于提高教学管理的效率，促进师生关系的和谐统一，推动学生心理健康的成长。

一、应用心理学在高校教育管理应用的意义

心理健康标准的评判依据是根据人的情绪控制能力、气质性格类型、社会适应能力、人际交往能力以及抗压能力，等等。现代社会人们学习生活的压力来自方方面面，很多时候情绪压力如果得不到合理宣泄，容易积郁成疾。而大学生这个群体是心理疾病高发的群体。现代大学生面对学业压力、社会压力并不比社会人少，关注学生的心理健康，高校教育管理需要重视心理教育及咨询。应用心理学是将心理学理论运用到实际的实用型心理学科，应用心理学的使用非常广泛，公司企业、学校教学、事业单位等很多领域都能看到应用心理学的身影。应用心理学理论涉及学生和老师的心理特征分析，借助这些理论可以有效分析学生心理问题的原因，使用心理学方法可以让学生能够正确地认识高校教育的积极影响，有利于解决现代大学生面临的心理问题，促进心理和谐发展。因此，应用心理学在高校教育中的运用具有长远的意义，在教学管理中将会发挥重要的作用。

二、积极心理学在高校教育管理中的运用

应用心理学的涵盖内容相当广泛，其中积极心理学对人的行为和心理成长有非常好的促进效果。

（一）罗森塔尔效应

这是美国的心理学家罗森塔尔通过实验得出的积极心理学理论。他在一个班级里随意挑选几个学生作为未来最有潜力的学生，拟成名单，交给老师，让老师对这几个学生进行单独鼓励，强调他们的发展潜力。几个月后，这几个学生的学业都有了明显的提升，超出老师的预料，这个实验结果被称为罗森塔尔效应。

罗森塔尔通过实验证实了积极心理学的重要作用，高校教育管理可以通过鼓励的手段，对学生或者老师产生积极的正面的影响，对于提高教师的教学质量和提高学生的学习积极性都有明显的作用。

（二）公平理论

公平理论是美国心理学家亚当斯提出来的。他认为，人们工作学习动机不仅受到既得利益绝对值的影响，同时也受到相对值的影响。即人们在得到利益是会与自己的付出和投入做比较，当付出和投入大于所得的报酬，则会感到不公平，如果两者是均等的，则会有公平的感觉。

学校的教育环境营造和教育制度制定对于老师学生来说有积极的促进作用。高校教育应该公平地对待每一位学生，教育者做到以身作则、因材施教，不可歧视或者不公平对待学生。从教学管理的角度出发，主动和学生沟通，了解学生的想法，明白学生的焦虑和压力，用学生的眼光看待问题，构建良好的师生关系，这对于减少学生的心理问题有非常明显的作用。这是应用心理学公平理论在高校教育管理中应用，公平公正的关系才有利于更好地管理学生。

（三）赏识教育

积极心理学中有很多的理论知识，强调用积极发展的眼光看待学生的成长，学生的成长过程本身就具有阶段性、不平衡性、个体差异性等，在这个过程中，需要家庭、学校和社会的耐心和鼓励，帮助学生茁壮成长。赏识教育含义是尊重、激励、理解发展中的学生，让学生建立自信心，对学校家长充满信任感。赏识教育在实际教育过程中，还需要根据学生的个体差异性进行操作。对于那些缺乏自信心，内心敏感细腻、缺乏自我效能的学生，要给予充分且积极的肯定，看到这些学生的过人之处，扬长避短，逐步建立自信；而对于一些自律性不高的学生，除了要多鼓励，还要利用强化手段，加强对他们的约束。应用心理学的积极作用能够让学生在面对挫折时更加坚强、乐观、敢于挑战困难；也能找到正确的归因方法，调整心态。赏识教育方法也不是随便夸奖赏识，而是要深刻地挖掘学生的优点进行夸赞，在教育管理过程中调动学生的积极情绪，以达到良好的效果。

三、应用心理学在高校教育有效应用的措施

（一）以积极心理学为导向建立积极教育体系

高校教育管理者要关心教师的心理发展，多参加心理学培训课程，学习新的教育管理方式，让应用心理学的理论应用到教育的管理制度的建设和教育教学方法探究中去。高校将心理教育纳入教育管理制度中，可以推动学生心理健康发展，让学生积极面对学习生活的挫折和困难，让学生学会正视自身情绪的变化、学会调节情绪的办法，让学生找到正确的归因方式，将成败归因于不稳定的努力因素。

（二）高校加大对应用心理学研究的投入

在认识到应用心理学的重要性之后，还需要将应用心理学的理论运用到实际教育活动中去，通过不断地尝试和总结制定出把心理学理论运用到实际的方式方法。因此，高校教育管理应该加大对心理学研究的投入，让教师有机会学习心理学研究的最新成果，掌握教育心理学的方式方法，了解目前心理学的应用情况。高校还应该建立独立的心理学咨询研究团队，对学校的学生进行深入调研，了解学生的普遍心理情况，及时疏通和开导。

（三）掌握教育心理学的具体功能

心理学是以人为主体的研究，可以帮助人们更好地了解身心发展的过程和影响因素。掌握心理学的具体功能，才能在高校教育管理中合理利用心理学以提高管理的质量和水平。管理者要对心理学具体功能有深刻认识，设计与心理成长相关的校本课程，了解学生的内心想法，培养学生正确的人生观、世界观和价值观，提高学生的思想觉悟。

应用心理学在高校教育管理中的运用非常重要，可以帮助高校的师生塑造健康的心理状态，在面对学业成绩、成长烦恼、家庭情况以及各种压力的时候，有合理宣泄的渠道，

有可以坚强意志、转移注意力的方式方法，学校教育是人身心发展的主导因素。因此，高校教育要重视学生的心理状态，要合理将应用心理学的方式方法以及基本理论应用到高校教育管理的实际操作中去，积极探索管理方式，提高心理学管理的质量。

第八节 计算机与 WEB 技术在高校教学管理中的应用

随着信息化技术的进步和更新，已经广泛地应用于社会生活的各个领域，在教育领域也不例外。计算机与网络技术在教育领域的应用，对于传统的教学管理方式产生了比较大的影响和冲击，而计算机与网络技术借助其不受时间和空间影响的优点已经成为当前教育领域中广泛应用的教学媒体和教学管理工具。高校的教学管理工作是整个教育工作中的关键部分，优质高效的教学管理工作可以促进教学目标的完成，保持良好的教学秩序，促进综合教育改革的进一步深化。将计算机与 WEB 技术与高校教学管理工作进行有效结合，能够有效促进高校管理工作的现代化进程，促进高校教学质量的全面提升。本节介绍了将计算机与 WEB 技术和高校实际教学管理工作相结合，构建出一个符合当前教育发展理念的综合教学管理系统，从而更好地促进高校教学管理工作的开展进步。

高校的教学管理工作是对学校教学过程中各种信息数据进行收集与归纳，最终综合起来进行管理，用来保证教学工作的顺利开展，在工作过程中所涉及的各种信息数据都会对教学工作的质量、教学管理的决策等产生重要的影响，同时也可以借助这些数据信息构建出一个公共的信息平台，更好地服务于教学管理工作。而在目前的高校教学管理工作中，这一部分的工作十分的繁琐复杂，如果利用传统的工作方式，那么将会涉及非常多的人员和部门，而且数据信息的数量庞大，会造成工作效率低下而且质量无法得到保障，但是通过计算机和 WEB 技术可以对这些工作进行高效的处理，促进高校教学管理工作的现代化进程。

一、计算机与 WEB 技术应用于高校教学管理工作中的积极作用

现阶段，随着信息化时代的到来，计算机和网络技术在社会生活中得到了更加普及的应用，同样在高校教学管理工作中得到了广泛的应用。与传统的教学管理方法相比较，计算机与 WEB 技术的应用，使得教学管理工作的效率和质量有了显著提升，促进高校教学管理工作走向高效化和规范化，有利于高校教学管理工作的现代化进程。在这个过程中，计算机与 WEB 技术的积极作用主要体现在以下几方面：

1. 在课堂教学过程中，在计算机与 WEB 技术的基础上，通过利用多媒体等信息化手段，改善传统枯燥无味的课堂教学环境，创建与教学内容相结合的教学情境，将教学内容通过直观的视频、图片等方式展现出来，从而使得学生有一个良好的学习氛围，激发学生的学习兴趣，进而有效地提升课堂教学的效率和质量。

2. 计算机与 WEB 技术在高校教学管理中的应用，主要是以学生为主体，围绕相关的教学内容进行研究与探讨，充分将 WEB 技术的特性融入教学管理中，将教学内容生动直观地展现给学生，同时可以使学生主动选择所需要的教学资源，这样做有助于学生自主学习能力以及学习积极性和主动创新能力的提升，同时有利于促进对传统教学方法和模式的改善和创新。

3. 将计算机与 WEB 技术应用于教学管理工作中，可以打破传统教学时间和地点的限制，使得学生与教师之间的沟通交流不再局限于课堂之中，对于学习过程中所不理解的问题可以进行及时的交流，使得教师可以随时了解学生学习的具体情况，这有利于教学效果的反馈以及教学管理工作的进展。

4. 在教学管理工作中，计算机与网络技术与传统工作方式相比较，具有比较大的数据信息容量，同时有着非常高的工作效率，将其作为一种信息载体进行教学管理和相关教学资源的传输，能够有效地提升管理工作的质量，节省大量的人力物力，因此，其已经成为当前高校教学管理工作的重要技术手段。

5. 计算机与 WEB 技术的应用，使得高校教学管理工作的模式发生了重大的转变，对于教学质量和教学状态的提升有着非常重要的作用。在教学过程中，利用现代信息化手段，创建出良好的学习氛围，可以使学生主动选择相关的学习资源，为学生的主动创造性提供广阔的空间，有利于促进学生的创新思维能力，将枯燥的灌输式教学转变为学生主动参与的体验式学习，有利于教学质量的提升。

二、计算机与 WEB 技术在高校教学管理工作中的具体实践

当前，计算机与 WEB 技术在高校教学管理工作中的具体应用取得了一定的进展，在教学管理工作的实践过程中充分发挥了该技术手段的优势，通过构建综合教学管理系统，发挥了现代信息技术在信息资源传播方面具有高效、方便快捷、互动性强以及信息存储量大等优点，同时也体现了该技术在组织管理方面的优势。但是，在这个过程中也存在着一些问题，使得其在应用过程中还有待完善，因此，一个健全完善的基于计算机与 WEB 技术的教学管理系统要以教学为中心工作，结合学校的实际情况，符合实际的管理需求，同时具备强大的管理功能，在使用和维护过程中操作十分简单。整个教学管理系统主要体现在以下几个方面：

（一）信息管理系统

这个系统主要包括各种学习过程中所用到的信息资源、公告信息、教师以及学生的个人信息。信息管理系统可以根据具体的需求分别对相关的教学制度和通知公示等进行公告、修改和搜索等；也可以将教师所提供的教学资料在系统中进行发布。这些信息都是由后台统一进行管理，为了方便信息的查找和统计，所发布的信息在格式上一致。同时信息管理系统会向全校提供统一的系统登录入口，经过系统自动判别并且显示相关的登录页面。而且，在信息管理系统中，学生能够通过搜索引擎，迅速找到自身所需要的

学习资料。

除此之外，在信息管理系统中，可以动态构建不同的信息栏目，对其管理权限进行合理的分配；可以灵活地调整不同信息栏目的顺序和其所属关系；可以对信息的浏览量进行统计；可以支持评论功能，系统可有效控制评论显示，对用户的评论进行管理；同时也支持信息的批量导入功能，根据不同的权限，可以控制信息的浏览权限。结合高校教学管理工作的实际情况，信息管理系统还具有的功能模块主要包括：身份信息的认证模块、超过规定时间的认证、数据信息传输加密、用户端相关信息获取。通过系统功能的描述，可以将整个系统分为不同的功能模块，分别是身份信息的验证、相关信息的管理、不同信息的搜索以及基础资料的管理。

（二）学习管理系统

该系统主要确定了教学过程中不同专业学生的学习时间以及在规定时间内所需要完成的教学内容，其中包含的主要功能有课程设置管理、专业设置管理、教学目标、大纲管理、不同年级和专业的课程表管理以及教学计划的安排和调整等。除此以外，为了有效提升学生的自我约束能力，使得学生对自身的学习情况和进度有一个具体的了解，学习管理系统还附带有具有针对性的学习进度，可以使得学生根据自身的学习实际了解学习进度，以便于和同学之间保持一致的进度。其主要分为以下三个功能模块：

1.学习计划管理。在高校的学习过程中，所有的学生都期望可以顺利完成各项专业课程以及基础课程的学习，但是在大学的学习中，主要依靠的是学生的自主学习意识，学习时间比较自由。在这种情况下，如果要顺利完成学业，必须做好学习实践的安排和管理，有效提升时间的利用率，科学合理地安排学习时间可以在学习过程中起到非常好的效果。因此，制定科学的学习计划，合理规范的利用学习时间，是顺利完成学业的基础和保障。

2.学习效果的分析和反馈。学习管理系统通过对学生学习计划的执行进行分析，从而得出学生实际的学习效果，随后根据学生的实际情况提出合理的建议，最终促进学生学习效果的提升。

3.学习进度的提醒。可以使得学生实时地了解自身的学习进度，从而对之后的学习有一个合理地掌握。如果自身的学习进度比较慢，就需要通过和教师和同学进行交流，调整自身的学习状态，加快学习进度；如果学习进度正常的话，要保持良好的学习习惯、合理地安排自身的学习。

（三）课程管理系统

合理的课程安排是保障高校教学工作顺利开展的基础。近些年来，随着高校招生规模的不断扩大，高校的学生数量急剧增加，班级比较多，导致教学中的课程比较多，课程管理工作的难度加大。学校方面不仅要保证基础教育课程和课时的齐全，同时也要确保相关的专业课程可以得到落实。因此，对于高校的课程管理方面造成了巨大的压力，特别是在新学年的初始阶段，学校相关部门在进行课程管理工作中不仅要保证课程安排的合理性、协调好教师之间的工作，同时也要考虑到教学资源分配的科学性。这些工作在利用传统的方式安排时，经常会耗费相当多的人力和物力，不仅造成了资源的浪费，而且工作效率比较低，不利于高校管理工作的进展。

借助计算机与 WEB 技术可以有效地改善上述问题。基于计算机与 WEB 技术的课程管理系统能够对教学工作进行合理的安排，将课程设置、课时安排、教师工作以及教学资源进行清晰明确的安排，不仅节省了时间和人力物力，而且具有比较高的工作效率，在课程的安排上较为科学合理，受到了教师的认可。同时还可以在个别教师出现一定的变动时，及时地对课程信息进行调整，具有较好的灵活性，不会引起教学方面的冲突，从而保证教学的有序化进展。

（四）教学质量管理系统

对于学生的学习效果以及教师的教学成果来说，最为有效的检测方式就是进行考试测验。对于高校教学管理工作来说，每个学期的期末考试安排都是关键的环节。考试成绩不但可以使得学生了解自身在学习过程中对于知识的掌握情况，而且可以客观地反映教师的教学质量。在考试结束之后，教师要对试卷进行批改，统计考试成绩从而对教学质量进行总结和分析，这些工作都使得教师的工作压力比较大。而通过利用计算机与 WEB 技术所构建的教学质量管理系统，可以有效解决这些问题。在期末考试时，该系统可以根据不同专业的学生，满足各个学科的考试要求，提供一份题型多样化、具有侧重点、适合学生和教师要求的试卷。在考试结束后，对于试卷的批阅，在客观题中可以选择自动批阅，减轻教师的负担；在对成绩进行统计时，将学生的成绩根据一定的规则进行统计和处理，直观地展现出学生对于相关知识点的掌握程度。从而使得教师能够清楚地了解自身的教学质量，对自身进行客观的分析。

总之，计算机与 WEB 技术在高校教学管理工作中的应用，使得高校教学管理工作的效率得到提升，改变了传统的工作方式。同时使得教师在教学过程中可以直观地了解到学生的实际情况，从而对自身的教学质量作出客观分析。学生能够通过综合管理系统实时了解自身的学习进度，进而采取针对性的学习计划。计算机与 WEB 技术在高校教学管理工作中的应用，可以促进高校教学管理的现代化进程。

第九节　PDCA 循环在高校日常教学管理工作中的应用

随着社会的发展和教育改革的逐步推进，针对高校的日常教学管理工作中所出现的新问题与新情况也需要进行不断地改进与解决。对此，各个高校广泛引进了 PDCA 循环模式作为基础模式对高校日常教学工作进行管理。本节将针对 PDCA 循环在高校日常教学管理中如何应用进行具体的阐述。

对于各大高校而言，教育改革的不断深化与推进在很大程度上意味着要对学校内固有的体制进行改革和创新，在高校日常教学管理工作中更是如此，所以，各大高校为了能够更好地完成教学管理的各项工作，而较为广泛地引用了 PDCA 循环模式来应用到高校日常教学管理工作之中。而 PDCA 循环模式被广泛应用，同时也是顺应时代发展的必然趋势。本节将从 PDCA 模式的概念及重要意义着手，具体分析如何将 PDCA 循环模式应用到高校日常教学管理工作之中。

一、PDCA 循环模式的概念及运用于教学管理工作之中的重要意义

PDCA 循环模式的概念。PDCA 循环模式起初是应用于工业质量管理之中的，后来延伸并且沿用到各个领域管理的层次上。PDCA 循环模式是由美国的质量管理专家戴明博士传播推广的，这种循环模式与其他的模式不同，并不是简单地进行循环往复，而是更加高级的，是循环前进的步骤，并且呈阶梯式上升，是有前进性循环趋向的高级管理模式。PDCA 循环模式可以简单地分为四个步骤，即计划（Plan）、实施（Do）、检查（Check）、处理反馈（Act）。在管理的过程中，首先要对管理的基本情况有一个初步的认知，在此基础上收集资料进行具体的分析从而作出合理的计划，这种计划制定的前提是对于实际情况的具体掌握及有预期的发展规划，这是 PDCA 循环模式的第一个步骤：计划。第二个步骤就是实施。实施的过程较为关键，因为计划做得再多，没有具体的行动是不能够实现预期的目标的，所以往往实施的过程也要坚决果断。第三个步骤就是检查。所有进行的管理都需要检查，这种检查可以查缺补漏，完善具体的实施细节。第四个步骤就是处理反馈。在某种意义上来说，处理反馈这个环节更为重要，它相当于循环模式中的重要的循环节，重新循环、如何循环都取决于这个步骤。所以，这四个步骤是 PDCA 最核心的灵魂，是任何领域内全面质量管理都应该遵守的一种较为科学、较为规范，同时也是较为权威的科学性程序。现在 PDCA 循环模式被广泛应用于各个领域的管理之中，并且拥有较为系统的科学理论，为各行各业的日常管理提供了一种基础性模式，并且作出了巨大的贡献。

PDCA 循环模式应用于教学管理工作之中的重要意义。PDCA 循环模式有利于各个管理体系的完善与发展。现在 PDCA 循环模式被广泛地应用到各个领域之中，如最开始使用 PDCA 循环模式的工业管理，到后来医疗医学管理体系，及本节要分析的高校日常教学管理工作中。将 PDCA 循环模式应用到高校日常教学管理工作中是各大高校对本校的管理模式进行创新与改革的必要手段，更是顺应时代发展潮流的必然要求。学校的日常教学管理工作中所出现的一些问题，常常是没有经过具体的分析、探讨就不解决而忽视过去了，这不利于学校平时的正常运作。作为一所高校而言，日常教学管理可以客观上保证教学质量，为培养各类型的社会人才作出贡献，如果日常教学管理中出现问题，就会产生一系列教学上及学校生活上的问题，影响范围十分大。所以，在高校日常教学管理工作中，应用正确的教学管理模式是十分重要的。PDCA 循环管理模式可以在最大

限度上对现行的教学管理中所存在的问题及现状进行分析，并且制定详细的计划去实施和改进，在实施之后还能进行不断地检查，检查过后还有相应的信息反馈，如果还存在问题就继续开始循环。这种循环是可以载动教学管理进行前进与上升的，是一种良性的循环。教学管理是一个高校能够正常运作的最核心的部分，而 PDCA 循环管理模式也是在教学质量监控体系中非常重要的，同时也是必要的管理模式。

二、PDCA 循环模式应用于高校日常教学管理中的策略

要确保有计划的过程。高校日常管理教学中，会不断地出现新问题和新情况，针对这种现象，我们要明确日常管理教学所出现的各种问题和关键的矛盾，将这些汇总成资料，使之变成计划中的重要参考。在 PDCA 的循环模式中，计划是一切循环的开端，必须明确计划才能进行具体的实行。一切计划都是基于具体的科学的分析之上，要结合学校的发展规划及日常的教学管理经验来进行制定，计划的制定是为了规范学校的日常管理教学，使各个学校日常管理教学能够趋于流程化，完善教学质量监控的体系，为教学管理的发展起到导向作用。优秀的、科学的管理教学计划可以对高校日常管理教学起到促进作用；相反地，错误的、失败的、不科学的教学管理计划会混乱整个学校的教学管理。所以，制订正确的、符合学校日常管理教学的实际情况的计划是十分重要的。在计划的过程中也要注重计划的全面性。日常教学管理过程中的主体不仅是教职员工，所有生活在教学管理之下以及负责日常教学管理的都是计划的对象和主体，我们必须要重视主体地位，然后要顾及多方面的计划需求。例如，制订不同学期工作计划或者是授课计划等，这些都是在计划的范围内，最重要的还是要明确管理的重点方向，不同学校实际情况不同，要根据实际情况并且结合学校的发展规划来明确管理的重点方向。计划中也要包含预期的工作效果，如果预期的工作效果没有达到，就要对工作进行总结与反思，工作预期达到了就证明实施的计划是有效果的，长期的时间过后可以证明是科学的计划。有了科学的计划，实施才能更加顺利，学校日常管理教学也能在 PDCA 循环模式下走向规范化与流程化，并且螺旋式上升，螺旋式前进。

加强实施过程的力度。在学校日常管理的过程中，也要加强实施的力度。有很多学校的日常教学管理办法都虎头蛇尾或者无疾而终，究其原因不是计划方法不好，而是执行的过程中存在一些问题，加上教学管理质量监控体系不够健全，教学管理制度不够完善，所以，实施的力度不够强，以至于很多规划未能达到预期的效果，使得一些日常教学管理的改革与创新未能深入推广。这种现象也往往体现在高校管理教学观念落后上，树立正确的日常教学管理观念也是实施 PDCA 循环模式过程中的重要内容。要使学校的日常教学管理得到重视，并且唤醒大家对于学校日常管理事物的积极态度，积极配合学校的日常教学管理，这样才能从根本上落实学校日常教学管理的各项工作。

对于检查过程要严谨。检查的环节就是对日常教学管理工作中查缺补漏的环节，这是对于实施环节及计划环节的教学管理监控体系中最重要的一环。在检查过程中，可以

发现学校日常教学管理过程中的问题，计划所存在的不合理的地方或者是实施环节所存在的一些问题，部分人的管理观念并没有很好地改变等多种问题都会在检查的这个过程与环节中体现出来。其实，高校教学管理中所存在的问题不仅仅是观念薄弱，还有管理制度不完善、相关的质量监控体系不够健全、相关队伍不够稳定等多种问题存在，都有待于进一步发现和解决，而恰恰发现这些问题的方式很大程度上依赖于检查这个过程。所以，检查这个环节并不可以草草了事，需要认真严谨地去对待，检查的结果会影响下一个反馈过程中的信息，同时也会影响下一个循环方向。检查过程可以帮助实时掌握工作进度以及人员动态，会在一定程度上起到有效的督促作用，也有利于明确责任及责任的具体划分，并且对工作之中所产生的效果及结果进行合理的检测与监控。因此，PDCA循环模式是环环相扣的。所以，作为其中重要的一环，对待学校日常教学管理工作要十分认真，对待工作的检查环节要十分严谨。

认真对待处理与反馈的过程。如果说PDCA循环模式是一个循环体，那么最后一个环节，也就是处理与反馈的环节是这个循环体最重要的循环节。是否进行循环，如何循环，循环的方向都依赖于这最后一个环节——处理与反馈的过程，这个处理与反馈的过程中所传达的信息会决定接下来的行为与决定。对于日常教学管理工作中的不足，可以通过处理和反馈总结经验教训，归纳正确的教育方法，更新教学观念，建立健全完善的教学管理制度，并且为接下来新的阶段的新计划的制定奠定基础与标准，对于是否达到预期的工作目标和工作效果也要进行正确的反馈。所以，认真对待处理与反馈的过程，同时也是推动高校在日常教学管理工作不断发展与完善的过程，是十分重要的环节。

PDCA循环模式应用于高校日常教学管理中，需要不断地完善与发展，更需要各高校结合自身的实际去运用PDCA循环模式，使得学校的日常教学管理能够更加规范、更加科学，以四个步骤：计划、实施、检查和处理反馈为基准点，循环反复处理日常教学管理的常规工作和问题，小循环扣住小循环，也要扣住大循环，大循环与大循环之间也要扣好，这样才能不断完善日常教学管理制度，达到日常教学管理的预期效果。

参考文献

[1] 刘宇，虞鑫，许弘智，等.“双创”背景下创新教育的实践、效果与机制研究 [J]. 现代教育技术，2015，25（11）：106-112.

[2] 陈从军，姚健.双创背景下高校辅导员工作的思考与探索 [J]. 科技创业月刊，2016，29（13）：64-65.

[3] 刘国余.会计双语课程柔性教学模式探析 [J]. 商业会计，2016（24）：119-121.

[4] 杨思林，王大伟，唐丽琼，等.“双创”背景下高校课程考试改革的思考 [J]. 教育教学论坛，2016（46）：77-78.

[5] 许彩霞.创新创业背景下应用型高校人力资源管理专业实践教学体系改革研究 [J]. 鸡西大学学报，2016，16（4）：23-26.

[6] 马一铭.大学生自主创业的困境与对策分析 [D]. 西安理工大学，2015.

[7] 黄杰.“许昌模式”背景下大学生创新创业教育模式探索 [J].决策探索，2016（18）：38-39.

[8] 孙海英.“双创”背景下文科大学生创业现状、机遇及对策分析 [J]. 成都航空职业技术学院学报，2016，32（4）：15-18，22.

[9] 张格，高尚荣.以高职生学习动力机制为导向的高职教育教学改革 [J]. 江苏科技信息，2016（34）：37-39.

[10] 吴颖珊.高校教育教学改革的动力机制探讨 [J].重庆科技学院学报（社会科学版），2012（1）：165-167.

[11] 曹月盈.高校计算机基础教育创新教学模式探究——评《高校计算机教育教学创新研究》[J]. 教育评论，2017（5）：166.

[12] 荆媛，唐文鹏.新时代下高校思想政治教育教学方法创新研究——以主旋律歌曲为视角 [J]. 中北大学学报（社会科学版），2017，33（1）：65-68.

[13] 周湘林.以学生学习为核心的高校教师教学评价方法创新研究 [J].现代大学教育，2017（1）：93-97.

[14] 华宝元.教育管理学四大范畴视角下高校体育教学管理创新研究 [J].广州体育学院学报，2017，37（1）：107-109.

[15] 李小兵.互联网媒体视角下高校体育教学创新研究 [J].赤子（下旬），2017（1）.

[16] 吴小川.高校音乐教育教学模式的创新研究 [J].魅力中国，2017（1）.

[17] 王天恒.从毕业生质量追踪探究高等学校本科教学改革 [D].西南交通大学，2007.

[18] 王淼.我国高校教育改革模式研究 [J].教育现代化，2016，3（27）：284-

285+288.

[19] 苗峰 . 高校课堂教学管理现状及对策研究 [J]. 兰州教育学院学报，2015.

[20] 李友良，何勇 . 高校教学管理信息化的现状及对策 [J]. 教育与职业，2015.

[21] 柳亮 . 高校教学管理人员继续教育现状及对策 [J]. 继续教育研究，2014.

[22] 王廷璇 . 浅析高校教学管理现状及改革对策 [J]. 新西部旬刊，2011.